ORIXÁS

REGINALDO
PRANDI

ORIXÁS

OS DEUSES QUE HABITAM EM NÓS

Ilustrações
Pedro Rafael

COMPANHIA DAS LETRAS

Grafia atualizada segundo o Acordo Ortográfico da Língua Portuguesa de 1990, que entrou em vigor no Brasil em 2009.

Capa e projeto gráfico
Raul Loureiro
Ilustrações de capa e miolo
Pedro Rafael
Preparação
Ana Alvares
Revisão
Jane Pessoa
Luís Eduardo Gonçalves

Dados Internacionais de Catalogação na Publicação (CIP)
(Câmara Brasileira do Livro, SP, Brasil)

Prandi, Reginaldo
Orixás : Os deuses que habitam em nós / Reginaldo Prandi ; ilustrações Pedro Rafael. — 1ª ed. — São Paulo : Companhia das Letras, 2025.

ISBN 978-85-359-4257-6

1. Orixás I. Rafael, Pedro. II. Título.

25-292928.0 CDD-299.63

Índice para catálogo sistemático:
1. Orixás : Deuses : Religião de origem africana 299.63

Cibele Maria Dias — Bibliotecária — CRB-8/9427

EDITORA SCHWARCZ S.A.
Rua Bandeira Paulista, 702, cj. 32
04532-002 — São Paulo — SP
Telefone: (11) 3707-3500
www.companhiadasletras.com.br
www.blogdacompanhia.com.br
facebook.com/companhiadasletras
instagram.com/companhiadasletras
x.com/cialetras

Sumário

Ao leitor 7

Exu 15
Ogum 29
Oxóssi 41
Ossaim 53
Omulu 65
Oxumarê 81
Xangô 95
Obá 111
Iansã 123
Oxum 135
Logum Edé 149
Ibejis 159
Nanã 171
Euá 183
Iemanjá 195
Ifá 209
Oxaguiã 221
Oxalá 235

Epílogo 247

Agradecimentos 255

Ao leitor

1

Este livro foi escrito para quem crê e para quem não crê. Para os que conhecem os orixás por meio da fé, do rito, do sofrimento, do corpo. E para os que chegaram a eles por meio da leitura, do estudo, da curiosidade honesta, da beleza. Aos orixás — se diz — se chega pela dor ou pelo amor.

Escrevi com a sensação de estar andando o tempo todo no fio da navalha, entre o respeito por quem cultua os orixás e a fidelidade ao rigor acadêmico que a vida universitária me ensinou. Há décadas caminho entre terreiros e universidades. Procurei navegá-los com o mesmo vento da curiosidade, a conduta própria a cada espaço e o cuidado necessário em cada caso. Na universidade aprendi a falar, no terreiro aprendi a ouvir. A busca era a mesma: compreender e sentir.

Aqui, trato dos orixás não como personagens distantes, mas como presenças que moldam a interioridade humana. Acompanho a concepção de que cada ser humano teve como ascendente algum orixá desde um tempo cuja origem se perdeu, um tempo mitológico, inalcançável pelos instrumentos da ciência racional. Nem por isso descuido das regras da ciência que sustentam o pensar contemporâneo. Estudo os mitos com o cuidado de quem procura aprender que eles dizem mais do que aparentam dizer. Procuro escrever com o olhar de quem observa, e com a palavra de quem aprendeu a escutar.

2

Orixás: Os deuses que habitam em nós não é um manual nem uma iniciação. É uma travessia. É uma procura do encontro entre o mito que se eterniza e o humano que o interpreta, na linha da vida e em cada momento de sua história; entre o que se conta no terreiro e o que o povo do terreiro sente em resposta. Tento compreender os orixás que habitam em nós e que, segundo a tradição, fazem de nós o que somos. Leia como quiser: com fé, com a razão, com espanto, com dúvida.

Os mitos que sustentam este livro podem ser encontrados, em sua forma integral, em *Mitologia dos orixás*, obra que publiquei pela Companhia das Letras a poucos dias do Natal do ano 2000, que reúne os mitos tal como vêm sendo narrados desde que o tráfico de africanos escravizados começou a moldar a cultura deste país. Este livro se propõe a compreendê-los. Mais que isso, na aspiração do sociólogo, busco mostrar o que o leitor leigo e o iniciado, o curioso e o estudioso podem, por meio dos mitos, encontrar na procura de si mesmos.

Meus cinquenta anos de observação e presença em terreiros, nas mais diferentes regiões do país, permitiram-

-me compartilhar com o povo de santo as dimensões subjetivas que nos conduzem para mais perto, e mais dentro, de interpretações e sentimentos que as narrativas fixadas pela palavra escrita tornam mais difíceis de alcançar, quando não intangíveis. Foi dessa vivência que brotou a matéria deste livro. Ainda assim, uma regra de ouro me guiou desde o início: nada de ficção, nada de enredos novos, nada que não possa se apoiar em *Mitologia dos orixás*. Porque o presente volume traz minha interpretação aprendida no convívio dos terreiros sobre o que o velho livro dos mitos contém. Uma reescrita, talvez. Como já disse, atento a cada passo, como quem anda no fio da navalha.

Cada capítulo trata de um orixá e segue uma estrutura em três focos: 1) uma invocação mitológica; 2) as relações entre orixás diferentes e entre os orixás e os humanos contadas nos mitos; e 3) uma reflexão que busca a subjetividade possível, ouvindo o terreiro, o que os filhos dos orixás pensam, sentem e dizem, levando em consideração minha própria experiência no contato com as religiões afro-brasileiras. Creio que o resultado é um texto que se situa entre o ensaio e a reflexão modelada pela sociologia, considerando as aproximações entre o que está escrito como mito, a partir do que a transmissão oral preservou, e aquilo que se vive, o contado de um tempo sem finitude e a nossa vida real.

3

Não aconselho buscar coerência no conjunto dos mitos, também chamados de lendas por alguns, de narrativas ou histórias por outros, e de *itãs* na língua dos povos iorubás, que os contaram e recontaram até que passassem a ser ouvidos e repetidos nas línguas dos países para onde foram levados os iorubás escravizados. Esses mitos continuaram a se propagar em toda parte onde a sobrevivência de sua cultura se impôs, mesmo que apenas como semente. A coerência entre narrativas independentes, amarrando os acontecimentos uns aos outros, construindo relações de causa e efeito numa linha do tempo, não define o mito nem a mitologia. Tal exigência de lógica causal é um artifício da história-ciência, da sua chamada metodologia, que se vale disso para transformar em verdade única a fala de apenas uma das partes envolvidas: a dos vencedores. Em certos mitos, o orixá é o vencedor; em outros, o vencido. Como nós humanos também somos na vida real. Chama a atenção de muitos o fato de que, em alguns mitos, certos orixás são parentes, vivem juntos ou participam das mesmas aventuras, enquanto, em outros, jamais se encontraram. Isso é da natureza do mito.

Muitas vezes, ao longo deste livro, falo do corpo e da alma, ou do corpo e do espírito. Melhor seria dizer: corpo e almas, corpo e espíritos. Na tradição iorubá antiga, tal como chegou ao Brasil nos porões dos tumbeiros e foi preservada em muitos terreiros, compreende-se que a alma que habita o ser humano é plural. Três são as almas mais lembradas e cultuadas nos terreiros que mantêm acesa a concepção original, antes do contato com o cristianismo.

A primeira é a alma-natureza, que nos liga ao mundo material em que vivemos. Essa alma é o orixá. Ou melhor: os orixás, que são muitos, cada um ligado a um aspecto da natureza: o mar, a montanha, os rios, a cachoeira, a terra do chão, o arco-íris no céu, o trovão e o raio... e tantos outros. O orixá é natureza, e sua diversidade espelha a diversidade do mundo.

A segunda é o egum, a alma ancestral, que após a morte renasce, retornando como nova vida à família, ao grupo social, à comunidade de origem. É a alma social, retrato da cultura e da coletividade. Até aqui, somos produto da natureza e da sociedade.

Mas há ainda uma terceira alma: o ori, nossa cabeça, que nos dá a individualidade. É o ori que carrega o destino, nossas vocações, vontades e capacidades a desenvolver — aquilo que a vida, se bem vivida, pode nos trazer de realizações e felicidade.

Natureza, sociedade, indivíduo: é disso que somos feitos, segundo essa tradição. Que não destoa, na verdade, de concepções ocidentais aceitas e estudadas.

E quando morremos, nossas almas seguem cada uma seu caminho: o ori acompanha nosso corpo morto, morre com ele, deve desaparecer, porque não há duas cabeças iguais nem em lugares nem em tempos diferentes. O egum renasce no meio que já conheceu, mas com um novo ori, outra cabeça, um destino em aberto, outra vida a ser escrita. O orixá retorna à natureza, porque ele é parte da própria natureza.

Na vida de um ser humano, tudo começa com o orixá. É dele que este livro trata. Dos orixás, na verdade, pois a natureza é feita de diversidade, e essa diversidade se expressa nos diferentes orixás. E em nós, seus filhos e filhas.

Exu

Exu é o orixá mensageiro, senhor do movimento,
da transformação e da comunicação.
Mora nas encruzilhadas e circula entre os mundos,
abrindo caminhos e provocando mudanças.
Governa os impulsos do desejo e do prazer;
é força que atravessa o corpo e movimenta a vida.
Ele e seus filhos espirituais são conhecidos pela astúcia,
pela ousadia e pelo riso que desconcerta.
Nada acontece sem a participação de Exu.
Por isso, nas oferendas a qualquer dos
orixás, ele sempre come primeiro.
Exu aprecia alimentos preparados com carne de cabrito
e frango, preferencialmente pretos, além de farofa
de mandioca e inhame. Na verdade, por ser quem é,
Exu come de tudo que a boca come.
Suas cores são o preto e o vermelho,
e seu símbolo é o *ogó*, bastão de forma fálica,
enfeitado de contas e búzios, que ele agita ao dançar.
Para saudar Exu, diga alegremente: *Laroiê!*

1

No princípio dos tempos, quando o mundo ainda era uma paisagem feita de nada e de silêncio, foi Exu quem rompeu a imobilidade. Descalço e rindo, ele andava pelas aldeias que então não existiam, pelas matas e pelas encruzilhadas que não tinham ainda forma nem nome. Trazia na cabeça uma panela que ninguém sabia ser também cabeça, e com ela cozinhava os destinos do mundo.

Exu é quem carrega as mensagens entre os homens e os orixás. Sem ele, nenhum pedido chega, nenhuma oferenda é aceita, nenhum caminho se abre. Foi ele quem ouviu as histórias de todos os seres e, guardando cada uma, entregou o saber a Orunmilá, que, rememorando essas histórias que se repetem na vida das pessoas, virou adivinho e senhor do oráculo. Porque nada se faz sem sua intervenção, Exu sempre come primeiro. E se não come, se o esquecem, se seu ebó não é corretamente oferecido, o mundo desanda: as histórias não acontecem, o universo estanca, o movimento se extingue. Para os orixás, assim como para o ser humano e tudo o mais que vive, sem comida não há movimento. Sem energia não há mundo. Para Exu, o amor e o ódio, o sexo e a vida e até a morte é tudo movimento. Se é negligenciado, ele se zanga, espanta a clientela das adivinhas, leva dois amigos a se desprezarem por desconfiança até a morte, faz o artesão que promete e não cumpre cortar o próprio nariz. Quando quer, transforma a alegria em guerra e a guerra em gargalhada.

Exu é o mais novo entre os orixás, o último filho de Iemanjá, o braço de Olorum no funcionamento do mundo, a chave para todas as portas da Criação. Mas poucos são capazes de reconhecê-lo e muitos o insultam só porque ele não anda em linha reta. Um dia, respeitou um tabu de que os outros orixás desdenharam e foi feito decano. Outro dia, comeu tanto que virou rei. Mas Exu não se contenta com títulos: quer o mundo em permanente movimento. Tentou trocar a morada dos deuses, confundiu os caminhos do céu e da terra, soprou confusão nos lares, incitou ciúmes entre esposas, esquentou os olhos de Xangô para Oxum e os de Ogum para Iansã.

Quando Eleguá guarda um portão, ninguém passa sem sua permissão. Quando Bará está de mal, ninguém prospera. Quando Legba dança, os mortos dançam também. É sempre Exu, com seus nomes diferentes, rindo de quem pensa ter compreendido tudo.

Uma vez, tentou vencer a Morte, mas nem ele foi capaz de tal proeza, nem ela de o matar. Num duelo, a Morte o vencia, mas Ifá, que mediava a disputa, disse a ela que, se matasse Exu, ela morreria também, como tudo mais que habita o universo, porque sem Exu não há movimento e sem movimento não há vida. A Morte se retirou, xingando, derrotada. Em outra ocasião, ajudou um mendigo a enriquecer, andando com ele pela praça e assim lhe dando credibilidade entre os credores, que viam aquela amizade de boca aberta, só para lembrar que fortuna e miséria são lados de uma mesma moeda, jogada ao alto por ele.

Exu não é bom nem mau, é o que é. É aquele que aponta os limites e os atravessa. Senhor das travessias, da esperteza e da dúvida, da palavra certa e da palavra atrapalhada, da ordem que ele mesmo põe à prova; e reprova, ou não. Por tudo isso, antes de invocar qualquer outro orixá, é preciso chamar por ele. Se Exu não abrir a porta, nenhum deus ou deusa entra.

Exu nunca descansa, está sempre caminhando. Para Exu, caminhar é criar passagem. Exu nunca é ponto-final, mas sempre ponto de partida.

2

Oxalá preparava a criação do mundo. Estava quase tudo pronto quando Exu apareceu de surpresa. Trazia uma garrafa de cachaça e uma sacola cheia de enigmas. Oxalá pediu que levasse uma mensagem a Olorum, mas Exu, brincando com os sons, trocou uma sílaba aqui, embaralhou outra ali, e o mundo quase não foi criado. Exu atrasou a criação do mundo porque Oxalá desobedeceu às ordens de Olorum e o desprezou.

Exu esperou e esperou que, antes de fazer o mundo, Oxalá lhe desse sua oferenda, porque foi esse o mando de Olorum. Nada. Oxalá não lhe deu nada. Outro dos irmãos, contudo, o de nome Odudua, deu presentes a Exu, e o mensageiro fez da vida de Oxalá uma bela de uma encrenca. Assim, quem acabou fazendo o mundo foi o esperto Odudua, só restando a Oxalá fazer, por último, o ser humano. Fez a humanidade, que acabaria, dizem hoje homens e mulheres sábios, por reverter a criação, destruindo tudo que foi criado, quem sabe pensando num recomeço. Mas pensamento de quem? De Olorum? De Oxalá? Do ser humano? Da máquina que o humano fez, mais rápida no pensar que ele? Disso pouco sabemos pelos mitos, mas a ciência, que anseia tomar de vez o lugar da mitologia, essa diz, sim, que o mundo feito a mando de Olorum, tal como existe, pode acabar.

Com Ogum, Exu aprendeu o uso da faca e a arte do trabalho. Mas também ensinou Ogum a desobedecer, a desafiar o destino traçado. Caminharam juntos pelas estradas de ferro e sangue. Exu acompanhou Ogum nas guerras e foi com ele que aprendeu a usar ferramentas, mas também o instigou a romper regras e seguir por atalhos perigosos. Ogum abriu caminhos, Exu os cruzou. Um construiu, o outro movimentou. Ogum fere. Exu sangra e ri.

Com Oxum, dançou nas margens do rio, desejando o que ela guardava. Oxum o seduziu com sua doçura, mas não o enganou. Ele a queria porque ela era o segredo do jogo, a sabedoria escondida nos espelhos. E ela o queria porque ele era o primeiro passo do rito, o sopro antes do canto. Juntos, giraram o mundo. Em um mito, Exu rouba os perfumes e os objetos preciosos de Oxum, escondendo-os no mato até ser devidamente apaziguado.

De Orunmilá, o adivinho, também chamado Ifá, Exu é irmão de encruzilhada. Um sabe o destino, o outro dá o necessário movimento. Às vezes, Exu engana Ifá só para ver se ele ainda lembra que o saber é vaidoso. Outras vezes, livra-o do erro. É uma amizade feita de disputas e ajudas silenciosas. Se Orunmilá é o senhor da sabedoria, Exu é o senhor da pergunta. Exu ouviu todos os mitos do mundo e os entregou a Orunmilá, tornando-o senhor do adivinho e mestre do Ifá, o oráculo.

Certa vez, Exu quis mudar as moradas dos deuses. Colocou Xangô no lugar de Iemanjá, Oxóssi no de Nanã, Obaluaê no de Oxalá. Criou uma confusão. Risos, gritos, ameaças de guerra. Depois, tudo voltou ao lugar, porém nada era mais como antes. Exu tinha provado que nenhum lugar é fixo: a ordem é sempre instável, toda estabilidade é ilusão e até os deuses precisam dançar na beira do caos para saberem quem são.

Entre Obá, Oxum e Iansã, semeou o ciúme. Disse a uma o que a outra não disse, entregou cartas falsas, provocou olhares atravessados. As três guerrearam por um amor que talvez nem existisse. Obá e Oxum foram longe demais. Instigada por Exu, Obá acreditou numa mentira de Oxum e cortou a própria orelha, que pôs no cozido que preparava para Xangô, pensando agradar seu rei. O resultado foi a separação entre elas e o surgimento de dois rios. Tanto se perdeu, tanto se ganhou: da disputa, o mundo passou a ter dois novos rios. De longe, como quem sabe que o amor também precisa de instabilidade para se revelar, Exu foi vigia, testemunha e talvez o causador. Iemanjá se retirou para longe da discórdia, que talvez tenha provocado, como não raro o fazem as mães por excesso de zelo, e levou, de mãos dadas, o caçula para passear. Exu adorou.

O modo como Exu lida com o destempero humano é sensacional. Conta-se que um homem pouco confiável disse ao rei que, quando se plantavam inhames cozidos, eles brotavam em três dias. O rei não discutiu: mandou plantar inhames cozidos. Se não vingassem... bem, o destino do homem seria selado com o fio do machado. O loroteiro se desesperou e procurou Exu com presentes. No terceiro dia os inhames brotaram. Disse Exu ao homem que da próxima vez não haveria ajuda. O loroteiro prometeu: Que próxima vez?, não vai ter próxima vez. O rei, sem saber dessas tramoias, chamou o homem para ser seu conselheiro, que logo foi dizendo que tomaria conta, sim, dos bens reais, a começar pelas vacas que pastavam no telhado do palácio real. O rei desconfiou, olhou para seu telhado, não viu nenhuma vaca pastando lá e mandou buscar seu machado afiado, enquanto o homem, em pânico, buscava a ajuda de Exu, levando mais presentes. Exu mastigou uma pimenta e disse: Aceito sua oferenda, mas falta alguma coisa aqui, a sua palavra. O homem ainda ouviu o zumbido do machado real descendo sobre seu pescoço. Mastigando um pedaço de inhame cru, Exu riu e foi-se embora.

Exu está presente quando a injustiça ameaça reinar. Mas também está quando a justiça se transforma em tirania. É ele quem ergue o espelho diante do rei e pergunta: Você é rei mesmo ou só se veste como um?

Entre os humanos, Exu anda disfarçado. Às vezes, é um velho que pede comida e depois a transforma em ouro. Outras vezes, um jovem brincalhão que faz o mercado inteiro cair em desgraça porque não recebeu sua parte. Exu andou com um mendigo, fazendo os ricos pensarem que ele era alguém importante, o que lhe trouxe riqueza e prestígio. Em outro mito, desgraçou os negócios de um mercador que o negligenciou. Sempre que um ritual não dá certo, um ebó se perde, uma promessa é esquecida, pode procurar: Exu está por perto, cobrando. Não como castigo, mas como lembrança. O esquecimento é a verdadeira ofensa.

Por isso, quando os orixás se reúnem, todos sabem: só se começa com Exu. Não por hierarquia, mas por necessidade. É ele quem abre o corpo do mundo. Quem leva o tambor da terra ao ouvido do céu.

3

Exu não vive no céu, nem mora de vez no mundo. Ele circula. Está entre um e outro, como um vento que sopra de lá para cá e de cá para lá. É a pausa entre duas batidas do tambor. O espaço entre dois pensamentos. O instante entre a pergunta e a resposta.

Na cabeça dos humanos, Exu não se instala como um rei: ele entra como um visitante, um mensageiro, às vezes um provocador. Ele mora onde mora o movimento. Por isso, o pensamento que para demais, a certeza que se acha verdade, a fé que se esquece do corpo, tudo isso ele balança. Porque o mundo não foi feito para parar.

Exu é aquele que lembra que as tradições são vivas, que os mitos caminham, que as palavras devem girar no ar como os corpos nos terreiros. Ele não aceita prisão, nem a da norma, nem a da forma. Exu é a própria possibilidade de transformação.

Entre os humanos, Exu é aquele que sabe rir do que os deuses não ousam comentar. Que atravessa a rua para olhar de outro ângulo. Que devolve perguntas em vez de respostas. Que exige ebó não por vaidade, mas porque sabe que o dar e o receber fazem girar o axé. Em muitos mitos, quando o ritual não começa por Exu, nada mais funciona: o ebó se perde, o pedido não chega, o caminho se fecha.

Entre os deuses, é aquele que iguala. Exu põe Iemanjá e Ogum no mesmo círculo, lembra a Xangô que nem o trovão grita mais alto que o silêncio, mostra a Oxum que a beleza não vale se não comove, sussurra a Omulu que até a terra precisa do sopro.

Talvez por isso ele seja o mais temido. E o mais necessário. Entre os deuses, Exu é o que diz "Ninguém é deus sozinho", mostrando que nenhum orixá é completo sem os outros. E que nenhum humano alcança seu destino sem enfrentar as próprias encruzilhadas.

Exu é começo e fim. Mas só porque ele sabe que todo fim é também começo.

Por isso este livro começa por ele. E por isso ele está em cada página, mesmo quando o nome que aparece não é o dele. Exu é o que passa por dentro. É o que liga. É o que move. É o que mora, fundo e risonho, na cabeça dos humanos.

Ogum

Ogum é o orixá do ferro, da guerra,
da tecnologia e do trabalho.
Foi ele quem descobriu como forjar
o ferro e produzir ferramentas.
Abriu os primeiros caminhos na terra
e tornou possível a vida com luta e construção.
É patrono dos ferreiros, artesãos, soldados,
operários e da classe trabalhadora.
Habita as forjas, as matas desbravadas,
as estradas recém-abertas, os trilhos dos trens,
o coração das máquinas e os campos de batalha.
Seus filhos espirituais são determinados,
combativos, trabalhadores incansáveis
e, muitas vezes, solitários.
Herdam dele a coragem e a impulsividade,
a força que constrói, mas também a que fere.
Ogum aprecia carne de boi, carne de galo,
inhame cozido, feijão-preto e feijoada.
Recusa carneiro, rã e cajá.
Suas cores são o azul-real e o verde-escuro.
Seus símbolos principais são a espada,
a faca, a enxada e as ferramentas de ferro,
os instrumentos do trabalho e da luta.
Cumprimente Ogum com o brado: *Ogunhê!*

1

Ogum marcha. Ninguém o detém. Onde antes havia mato fechado, nasce a estrada. Onde antes havia a natureza bruta, ressoa o ferro. Onde tudo era espera, Ogum faz começar.

É ele quem primeiro rompe a crosta da terra com o fio da lâmina. Quem transforma pedra em ferramenta, casa, guerra. Ogum é faca e é enxada. É espada e é máquina. O que separa e o que liga. Sua força não repousa; ela constrói, destrói, recomeça.

É orixá de músculos duros e olhos fundos. Habita o calor da forja, convive com o ruído do martelo e o cheiro do óleo de motor. Ninguém chega sem ele. Nenhuma roça dá frutos, nenhum ferro se molda, nenhum caminho se faz. Ogum é o passo inicial, o braço do destino, a centelha da criação manual. Ogum é o trabalho e a guerra.

Foi Ogum quem forjou o ferro e ensinou seu fabrico aos humanos, abrindo o mundo com sua lâmina quando os orixás ainda não sabiam como viver na terra.

Mas sua força carrega também o risco. Ogum tem sede de movimento. E às vezes de sangue. Quando não encontra o que fazer, inventa, guerreia. Quando a paz se instala, inquieta-se. Nem sempre sabe voltar do lugar aonde chegou. É orixá de conquistas, mas também de solidão. Adora se mudar de um lugar para outro.

No dia em que os orixás se reuniram para organizar o mundo, Ogum foi o primeiro a chegar. Foi ele quem desbravou os caminhos e removeu os obstáculos para que os outros pudessem passar. Quando a reunião terminou, todos festejaram, menos ele, que voltou à estrada, incapaz de ficar onde já não era preciso abrir passagem.

Ogum ama e foi amado por muitas mulheres, e por elas foi à guerra. Mas não é por isso que se tornou tão conhecido. Também cuidou de sua família, dos irmãos, da mãe. Mas também não é aí que repousa sua glória. Nas histórias de Ogum, amor e família são constitutivos da própria vida. O Ogum herói é o guerreiro, o trabalhador, o que enfrenta o mundo e suas transformações, aquele que acompanha o que vem de novo, que vem para mudar.

2

Ogum não espera. Enquanto os outros ainda planejam, ele já começou. Quando hesitam, já partiu. Com o ferro na mão e o mundo à frente, ele corta, constrói, avança.

Ogum anda com Exu. Mas não da mesma forma. Exu se espalha pelas bordas, ri das curvas, se esconde nos desvios. Ogum vai em linha reta. Certa vez, os dois abriram caminhos juntos, mas Exu exigiu sua parte antes de continuar. Ogum hesitou, Exu se ofendeu. O caminho se fechou. Ogum aprendeu que nada funciona sem Exu, nem mesmo o mais afiado dos machados. Juntos, eles fazem andar o mundo.

Um dia, Ogum encontrou-se com Exu em uma encruzilhada. Exu, sempre brincalhão, desafiou Ogum a disputar uma corrida para ver quem era mais rápido. Ogum aceitou, e ambos partiram em disparada. No meio do caminho, Exu desapareceu e reapareceu à frente de Ogum, rindo e proclamando vitória. Ogum, reconhecendo a esperteza de Exu, não se irritou; ao contrário, compreendeu que força e velocidade nem sempre são suficientes: é preciso astúcia. Desde então, Ogum e Exu mantêm uma relação de respeito mútuo, sabendo que cada um tem qualidades que complementam as do outro.

Com Oxóssi, Ogum divide o mato. Um caça, o outro abre a trilha. Os dois orixás vagavam por uma floresta fechada até que Ogum abriu caminho mato adentro e Oxóssi pôde caçar e alimentar os demais orixás. Desde então, são aliados do sustento e da sobrevivência.

Mas nem sempre Ogum está em harmonia com os outros. Com Xangô, guerreiro como ele, rivalizou. Ogum tem força; Xangô, fulgor. Ogum luta com o corpo; Xangô, com o trovão da palavra. Certa vez, Ogum e Xangô se enamoraram de Iansã e uma disputa se fez. A disputa virou guerra. Ela escolheu o raio em vez da lâmina. Ogum partiu, levando consigo a dor da recusa.

Com Iansã, foi mais que desejo. Viu nela o movimento do vento que combina com o ímpeto da espada. Mas ela não quis se prender. Depois de se entregar a Ogum, Iansã escapou como redemoinho e foi se juntar a Xangô, deixando Ogum sozinho em sua estrada infinita.

Obá, por outro lado, compreendia Ogum. Foi ela quem o acolheu quando ele, tomado pela sede de guerra, abandonou tudo e sumiu na floresta. Ali, Obá cuidou dele em silêncio até que ele voltasse a si, ou ao menos ao mundo.

Com Oxum, a relação era feita de desconfiança e fascínio. Ogum não compreendia a beleza no espelho d'água, a sedução, os perfumes. Mas queria compreendê-los. Ele tentou possuir Oxum à força, o que lhe cobriu de vergonha diante dos outros orixás e custou sua expulsão. Só depois, mais velho e ferido, entendeu que força sem beleza é força cega.

Com Omulu, o encontro foi tenso. Numa ocasião, Ogum zombou das feridas de Obaluaê, chamando-o de podre.

Mas ao ver que o orixá doente era também o curador da terra, Ogum se curvou em respeito e aprendeu que até o mais forte precisa temer o que não pode controlar.

Com Nanã, houve embate. Ogum é da urgência. Nanã, da lentidão. Ogum quer fazer. Nanã, preservar. Ao desrespeitar um interdito sagrado imposto por ela, Ogum foi afastado da aldeia e proibido de retornar até que aceitasse a autoridade da anciã. Ele voltou, mas com os olhos mais baixos que o chão. Certa vez, não quis se curvar diante de Nanã, sua mais-velha, e ela proibiu que seus filhos usassem qualquer objeto produzido por Ogum em sua forja.

Ogum também teve um encontro marcante com Oxalá. Em uma ocasião, tomado por uma fúria cega, Ogum começou a destruir tudo em seu caminho. Oxalá, com sua calma e sabedoria, aproximou-se e simplesmente tocou o ombro de Ogum, dizendo: A verdadeira força reside na paciência. Essas palavras tiveram um efeito profundo sobre Ogum, que, pela primeira vez, parou para refletir sobre suas ações impulsivas. Desde então, ele busca equilibrar sua natureza guerreira com momentos de introspecção, embora a inquietação nunca o abandone completamente.

Entre os humanos, Ogum é o orixá do trabalho, do suor e da lida. Está na lavoura, no motor, no martelo e no fuzil. Mas também está na solidão do guerreiro que volta da batalha e não encontra onde repousar a arma. É o patrono dos caminhos, mas anda sempre só. Por vezes, Ogum se embrenha na floresta e some do mundo por muito tempo, decepcionado com os homens que usam seu ferro sem honra. Quando retorna, traz nas mãos novas ferramentas. Ou novas guerras.

3

Ogum é o orixá que nunca para. Essa escolha reflete sua natureza: o eterno desbravador, que se sente mais à vontade no movimento do que na estagnação. Após a batalha, ele sente uma inquietação que o impede de permanecer em um só lugar. Certa vez, após uma grande guerra, Ogum retornou à sua cidade, mas não foi recebido com festa por seu povo, que parecia não o ter reconhecido. Furioso, matou muitos dos seus súditos com sua espada sangrenta. Então lembrou que era dia de silêncio, dia dos antepassados, não era para se festejar nada diferente disso. Arrependido, partiu para a floresta. Abandonando seu trono de rei e sua forja de ferreiro, foi viver no mato, longe dos outros orixás e dos humanos, cobrindo-se de folhas de palmeiras. Muitos tentaram, mas somente Oxum, com sua preciosa dança, conseguiu trazer o rei de volta ao trono.

Ogum é reverenciado como o patrono dos trabalhadores, dos soldados e de todos que trilham caminhos difíceis. Sua presença é invocada por aqueles que precisam de coragem para enfrentar desafios e abrir novas estradas em suas vidas. No entanto, Ogum também serve como um lembrete de que a busca incessante por conquistas pode levar à solidão.

Sua história ensina que é essencial encontrar um equilíbrio entre o desejo de avançar e a necessidade de pertencer.

Assim, Ogum continua sua marcha eterna, desbravando territórios desconhecidos, enfrentando batalhas e, ocasionalmente, parando para olhar para trás e perceber as marcas que deixou no mundo e na vida daqueles que o veneram.

Orixá do progresso, Ogum é quem molda a matéria e orienta o engenho humano para a prosperidade, o conforto, o bem viver. Senhor da técnica, mestre dos ofícios, Ogum é chamado sempre que o futuro pede passagem.

Quando a vida pede trabalho, é com Ogum que se fala. Quando a sobrevivência depende de força, quando a esperança precisa de um caminho novo, Ogum conhece os atalhos. É ele quem destranca a porta da fábrica, quem corta o mato da estrada, quem enfrenta os conflitos e resolve as disputas. Ogum responde por aquilo que exige luta, decisão, movimento e dureza. A espada de Ogum pode matar, mas também pode proteger.

É com ele que se planta, é com ele que se luta. No mundo dos orixás, a lâmina da justiça e da destruição é a mesma. E por isso não se separa o bem do mal como se fossem absolutos. Entre a criação e a violência, entre o sustento e o corte, Ogum não escolhe um lado: ele é ambos.

Oxóssi

Oxóssi é o orixá da caça, da floresta,
da fartura e da alimentação.
Guardião dos segredos do mato e do sustento dos corpos,
ele conhece os sons da mata e o silêncio
que antecede o disparo certeiro.
Arqueiro famoso e destemido, habita as matas,
as trilhas escondidas e os campos de caça.
Seus filhos espirituais são silenciosos,
observadores, pacientes e atentos, muitas
vezes mais afeitos à escuta do que à fala.
Preocupado com a família e o sustento,
é o orixá da provisão de alimentos.
Oxóssi aprecia cabrito, javali, coelho, faisão e milho.
Recusa peixe de pele, mel, feijão-branco
e jaca, que lhe são tabus.
Suas cores são o azul-turquesa e o verde-claro,
e seu símbolo é o *ofá*, o arco e flecha.
A saudação de Oxóssi é: *Oquê Arô!*

1

Oxóssi caminha sozinho. Com ouvidos e olhos de quem escuta o silêncio por trás dos sons da mata, vê o que ninguém vê, mira o que ninguém alcança. Caçador de uma flecha só, acerta o invisível antes que o mundo o perceba.

Habita a floresta e o pensamento. Na beira do mato, onde os caminhos acabam, começa o reino de Oxóssi. Ali onde o som se confunde com o vento, onde o tempo não tem pressa, é onde ele está.

Mas ele não caça só para si. É o caçador que alimenta o povo. O que busca o sustento, o saber, a sobrevivência. O que ouve o chamado do mundo e responde com o arco estendido.

Quando a fome assolou os orixás, Oxóssi foi o único que entrou na mata proibida em busca de comida. O perigo não o detém, mas Oxóssi nunca espera para receber as honras merecidas. Parte sem avisar, deixando para trás a cidade, a glória e o poder, e volta à floresta, seu verdadeiro lugar.

Oxóssi entende que o poder está no gesto exato. No momento certo. Na distância entre o querer e o realizar. Não coleciona títulos nem prende afetos. Vem, cumpre, desaparece.

Ogum abriu caminhos, mas foi Oxóssi quem os seguiu.

Ogum cortou o mato com o ferro, e Oxóssi entrou na clareira com o arco pronto.

Exu, como sempre, estava lá, abrindo os sentidos e exigindo oferenda para que a flecha acertasse o seu destino.

Oxóssi anda entre os vivos como quem vem de longe.

Não fala alto. Mas tudo nele é anúncio.

Seus olhos enxergam o que está por vir. Sua flecha acerta o que ainda não chegou.

Ele não é apenas o orixá da caça.

É o senhor do invisível. O que revela. O que sustenta.

O que toca o mundo com leveza e acerto. O que hoje mata o pássaro com a flecha que atira amanhã.

2

Oxóssi, também chamado Odé, é aquele que se afasta para encontrar. Some na floresta e volta outro: não transformado, mas revelado. Afinal, foi na mata que aprendeu, com os seres invisíveis, os segredos do saber e da caça. Seu aprendizado não é dado, é colhido na escuta. Teve outro nome antes de realizar grande proeza: Oxotocanxoxô.

Foi Oxóssi quem desafiou o grande pássaro da feiticeira que não fora convidada à festa do rei. Depois que os mais famosos caçadores do lugar fracassaram na tentativa de matar o pássaro do feitiço, Oxotocanxoxô, o caçador de uma só flecha, tomou a frente e abateu o pássaro que trazia o mal ao mundo, salvando a comunidade: os rios voltaram a correr, a chuva regou os campos e as colheitas foram ricas, as fêmeas pariram seus filhotes, os mercados floresceram, a vida voltou ao normal. Foi chamado de Oxóssi, o caçador do povo, e para sempre lembrado por seu feito heroico. Nesse dia, sua mãe esteve a seu lado e fez oferendas de comida à feiticeira, muita comida, que a fez dormir e deixar seu pássaro sem o poder maléfico que dela emanava. Oxóssi é lembrado como o orixá da família, da comunidade, aquele que cuida de seus filhos e conta com os próprios pais.

Com Ogum, divide o dever do sustento: um abre a picada, o outro traz a caça. Mas nem Ogum, senhor do ferro, está livre da perda de si. Quando se perdeu na floresta, foi Oxóssi quem o encontrou e o reconduziu. A força necessita da precisão. E a precisão, da escuta.

Num mito, Oxóssi é sombra trágica: o caçador que, traído, mata o irmão. Ele amava suas três esposas, mas seu irmão e sua cunhada fizeram com que as mulheres de Oxóssi o abandonassem, acreditando que o esposo, embriagado pelo irmão, revelasse as proibições secretas delas. Abandonado, Oxóssi se vingou, atirando sua flecha contra o irmão. O gesto é justo, mas o luto permanece. A dor não passa, mesmo quando a justiça se cumpre. Oxóssi carrega esse saber: há flechas que salvam, e há as que marcam para sempre.

A glória não poupou Oxóssi de outras grandes tristezas. Conta-se que Olorum, o pai dos orixás, o senhor do céu, pediu uma codorna a Ifá. Mas como Ifá não caça, o adivinho pediu que Oxóssi a caçasse por ele. Assim foi feito, a codorna foi caçada. Quando Ifá veio buscá-la para a levar a Olorum, ela tinha desaparecido, para desgosto dos dois. Oxóssi disse a Ifá que fosse para a casa de Olorum que ele logo levaria para lá outra codorna. Foi o que ele fez, Olorum ficou contente e nomeou Oxóssi o rei dos caçadores. Em comemoração, Oxóssi atirou uma flecha para o ar, ao acaso, mas seu coração pedia que a flecha acertasse a pessoa que roubara a primeira codorna. Quando ele voltou para casa, descobriu que sua flecha matara sua própria mãe, a mulher que roubara a codorna destinada a presentear Olorum.

Com Oxum, partilhou beleza, doçura, encantamento. Formaram um belo casal, mas cada um era feito de um mundo: ela, água que escorre; ele, a folha que o vento afasta. Mas Oxum se apaixonou pelo caçador e para o conquistar se cobriu de mel de abelhas e rolou nas folhas que forravam o chão da mata. Oxóssi a tomou por uma linda entidade da floresta. E se uniram. Mas Oxum queria mais e o levou para dentro do rio, que era seu reino. Apaixonado, ele aceitou, mas a água dissolveu o mel, as folhas se desprenderam e Oxóssi descobriu que fora enganado. Ele a abandonou, mas do breve amor vivido pelos dois nasceu Logum Edé. Quando se separaram, não houve rancor, apenas a necessidade de cada um voltar a reinar em seu elemento.

Oxóssi é decidido. Faz o que precisa ser feito. E se vai. Oxóssi não quer aplauso: quer fazer a coisa certa. Quer verdade.

Até hoje Oxóssi é conhecido como o rei da cidade de Queto. Por causa de Oxum. Ele saíra para caçar e, no caminho, encontrou Oxum. Esqueceu-se da missão de que estava encarregado e ficou de amores com ela. Seus companheiros caçadores se sentiram traídos e tentaram matar Oxóssi com suas flechas. Oxum salvou Oxóssi, conduzindo-o para longe, rio abaixo. Chegaram à cidade do Queto no momento em que o povo procurava um sucessor para o rei recentemente falecido. Oxum rezou suas preces mágicas, dançou suas danças de encantamento e apresentou Oxóssi ao povo. O povo o fez rei de Queto.

Oxóssi caminha só, mas nunca está sozinho. Anda com os olhos, com o vento, com os espíritos. Onde houver escuridão, ele vê. Onde houver fome, ele caça. Onde houver excesso, daí se afasta.

Oxóssi é bonito, é desejado. Pode ser filho de Iemanjá, mas também seu amante. Amou Oxum, Iansã, Obá e por elas foi amado. Sua juventude comove e encanta, mas seus amores duram pouco. O caçador de uma flecha só conquistou o coração de Oxalá, que o quis por perto.

Dizem que Ossaim chegou a raptá-lo e que ambos moraram juntos por um certo tempo sob um algodoeiro. Foi libertado por Ogum, seu irmão mais velho, e levado de volta para a casa de Iemanjá, a mãe deles. Mas Iemanjá sabia que o filho agora pertencia ao mundo, e no mundo devia permanecer, o que já acontecia com Ogum. Dizem uns que Oxóssi voltou para Ossaim, outros que ele foi para a floresta, onde aprendeu com Ogum as artes da caça.

3

Oxóssi é o orixá da exatidão. Não se move por impulso, nem por vaidade. Sua ação é pensada e apurada como o lançamento da flecha. Ele não precisa dominar, basta acertar. Não ocupa espaço, ele o revela.

O mundo quer pressa. Oxóssi pede escuta. O mundo grita. Oxóssi respira. Onde todos procuram com os olhos, ele enxerga com o corpo inteiro. Seu olhar não mira o que já é visível: ele atravessa a folhagem da aparência até tocar o que ainda não nasceu.

Ele não reina sobre territórios. Reina sobre o intervalo entre o desejo e a ação. É nesse intervalo que ele caça. E o que caça não é só o alimento, mas o saber, a visão, o sentido oculto das coisas. Ele se aproxima do mistério com reverência, e por isso o mistério o acolhe.

Oxóssi não se curva ao poder. Ele o recusa. Não por orgulho, mas porque sabe que o trono aprisiona. Ele prefere a floresta, onde tudo é movimento, risco e liberdade. O conhecimento de Oxóssi não está nos dizeres nem nas palavras: está nos sinais, nas folhas, nos ventos que balançam sem som. Está no invisível que só o gesto certo pode tocar.

Seus caminhos não são marcados, mas pressentidos. Ele não volta para o mesmo lugar, porque o tempo do mato é espiral, não é linha. Cada passo seu abre um mundo novo, e o mundo velho se desfaz atrás de si como folhas secas.

Oxóssi é o que ensina sem falar. O que guia sem se mostrar. O que se retira no exato momento em que o outro precisa andar sozinho.

Seu lema é este: há coisas que só podem ser vistas no silêncio. E há forças que só se revelam na leveza.

Oxóssi é a leveza que atinge. A ausência que sustenta. O invisível que guia.

Ossaim

Ossaim, orixá das folhas e herborista dos orixás,
está presente nos cultos de todos eles,
que dependem de seus preparados com folhas,
água e outros ingredientes.
Conhecedor profundo das forças vegetais e senhor da cura,
domina o axé dos remédios e dos venenos.
Sabedoria, reserva e curiosidade
são suas principais características;
e das pessoas reconhecidas como seus descendentes.
Tão importante é Ossaim e suas folhas
que nos terreiros se diz:
Côssi ewê, côssi orixá —
"Sem as folhas não é possível cultuar os orixás".
Ossaim aprecia carne de boi, carne de frango,
feijão-preto e milho torrado.
Recusa carneiro e cará.
Suas cores são o verde e o branco.
É representado por hastes de ferro encimadas por um pássaro;
mas, ao dançar em transe, leva uma lança curta.
Saúde Ossaim com as palavras: *Euê Assá!*

1

No princípio, quando o mundo ainda não sabia curar suas feridas, só Ossaim conhecia o segredo das folhas. Nem os deuses sabiam do poder que nascia no caule das árvores, no recorte das ervas, no talo da vida miúda que cresce nas bordas do caminho. Ossaim sabia. Sabia e não dizia. Porque o segredo da folha não é dado. É merecido.

Ossaim não veio com o trovão nem com a espada. Não chegou com festa nem com guerra. Seu axé não se mostra. Se sente. Está no orvalho que escorre do alto. No cheiro de mato molhado depois da reza. No chá que desce pelo corpo como se trouxesse a lembrança de um nome antigo, esquecido, mas ainda vivo.

Chegou como a brisa que faz a folha tremer sem derrubá-la. Falava com as plantas, e as plantas com ele. Um som que só os que escutam o silêncio conseguem ouvir.

Seu corpo é coberto por folhas. Seu bastão é um feixe de ramos amarrados com saber. Nada nele brilha, mas tudo vibra. Ossaim não brilha porque não precisa. Ele se oculta como quem carrega luz demais.

Ossaim não é um deus vaidoso. Anda só. Vive no meio do mato, longe dos outros orixás. Não por desprezo, mas porque o saber que carrega exige recolhimento. É o orixá da solidão ativa, da escuta transformadora. Quem o encontra, encontra também o próprio limite.

Entre os humanos, Ossaim aparece como o curador que não ostenta. Aquele que sopra o nome certo no ouvido de quem sabe ouvir. Aquele que entrega a folha exata, mas não explica por quê. Porque a folha ensina por si mesma, e seu saber não cabe em livro.

Nenhum ebó funciona sem folha. Nenhum axé se completa sem sua presença. Ossaim detém a base necessária de todos os ritos. Se Exu dá o movimento para Ogum abrir os caminhos, é Ossaim quem purifica a estrada. Se Omulu cura o corpo, é o herborista quem oferece o princípio da cura.

Mas há também veneno em sua ciência. A mesma folha que cura pode ferir. Ossaim não é bondoso nem severo: é necessário. O uso das folhas exige respeito. A intenção determina o destino.

Seu canto é breve, mas reverbera nos terreiros. Sua dança é quase parada, mas faz mover as raízes. Sua fala é um fio de voz que atravessa o mato como uma reza. Ele não precisa de templo: a floresta é seu altar.

Ossaim é o orixá que protege o mistério. O que guarda o saber para que ele não se perca, nem se vulgarize. O que faz da folha uma espada e do orvalho, um escudo.

Por isso, antes de colher, é preciso saudar. Antes de soprar o nome, é preciso demonstrar respeito. Ossaim não é invocado com força. É chamado com reverência. E só responde a quem compreende que a cura começa com o respeito.

2

Ossaim vive na floresta, onde cultiva e colhe sua sabedoria. O saber que carrega não se espalha como notícia. Ele se guarda como se guarda um perfume raro, um nome secreto, uma alma vegetal.

Ele é o orixá da folha e de tudo que ela contém: cura, veneno, sopro, vida. Por isso, os orixás não podem viver sem ele. Toda oferenda precisa de suas folhas. Todo encantamento precisa do seu saber. Toda cura precisa do seu axé. Diz-se que sem folhas não é possível cultuar orixá algum.

Quando os orixás quiseram dominar os poderes de Ossaim, cada um tentou tomá-los de um jeito. Ogum veio com seu ferro, mas ferro nenhum fere o mato sem consequência. Xangô quis impor seu trovão, mas trovão não convence raiz. Oxum tentou seduzi-lo, mas charme não perfura casca. Iansã, senhora dos ventos, soprou com força sobre as folhas, espalhando o segredo que não compreendia. E o mundo ficou suspenso, órfão do saber de que só Ossaim ainda se lembrava. Ossaim, sozinho, recolheu de volta os segredos que o vento não soube guardar. E o poder da folha lhe pertence até hoje.

Ossaim não discutiu. Não exigiu. Apenas olhou para a mata e ela lhe respondeu. Nenhum outro orixá teve essa oportunidade. Porque a floresta fala, não grita, e só fala com quem escuta sem pressa.

Nem mesmo Omulu, senhor da doença e da cura, caminha sem ele. Para curar, Omulu precisa da folha. E a folha só responde ao nome que Ossaim soprou. Se Omulu cobre os corpos feridos com sua palha, é Ossaim quem trata da seiva que restaura por dentro. A cura é sempre uma parceria. A morte, uma negociação. A folha é quem decide o rumo do corpo, e só Ossaim sabe conversar com ela.

Com Nanã, Ossaim compartilha o tempo e o recolhimento. Ela, senhora do barro e do princípio; ele, do orvalho e do segredo. São próximos na lentidão. Parceiros no cuidado. Não se apressam. Sabem que a folha colhida antes da hora é muda. Que o barro tocado sem canto vira pedra.

Exu e Ossaim se reconhecem na necessidade do outro. Sem folha, Exu não recebe. Sem Exu, a folha não funciona. Um não vive sem o outro, embora quase nunca se vejam. Estão ligados por um fio de axé que atravessa o silêncio e o grito.

Oxóssi e Ossaim dividem a floresta como irmãos que não se tocam. Um escuta o farfalhar da caça; o outro, o murmúrio das folhas. Oxóssi caça o alimento, mas não entra no mato sem antes pedir a Ossaim que abra o caminho invisível. A mata não é só espaço físico, é território de forças, e Ossaim guarda as mais antigas.

Ogum, que corta o mato com seu facão, precisa da folha para que o corte não vire ferida. A força precisa do remédio. O caminho precisa da bênção. Ossaim não impede, mas avisa: sem ele, a floresta se vinga.

Entre os humanos, Ossaim não aparece com fama. Não tem muitos filhos. Não busca devotos. Mas está presente sempre que há uma reza que começa com uma folha entre os dedos. Está no benzedor que recolhe no escuro, na mulher velha que sopra nomes em galhos de arruda, no pai de santo que murmura cantigas na hora do banho de descarrego. Ossaim é presença discreta, mas indispensável. Nada, nenhum objeto de culto, nenhuma cabeça, ori, nenhum corpo pode ser sacralizado sem o banho do amaci feito de folhas maceradas em água fresca ao som das cantigas de Ossaim. O babalossaim prepara o banho, canta os cânticos sagrados das folhas para liberar seu axé, conduz o culto ao orixá.

Quem colhe sem rezar, não leva nada. Quem coleta sem permissão fere o próprio axé. Ossaim não castiga: a própria desatenção do humano é castigo suficiente. Porque o que não é colhido com respeito, não serve, e o que não é devolvido em gratidão, não floresce de novo.

Por isso, entre todos os orixás, Ossaim é o mais esquivo. Não se instala no corpo com facilidade. Não responde a qualquer chamada. Seu tempo é outro. Seu caminho é tortuoso. Sua palavra é mínima, mas profunda.

Ossaim ensina que tudo que cresce tem espírito, que a cura começa no gesto com que se toca uma folha, e que o saber que cura é o mesmo que pode destruir. A diferença está na intenção. E só ele sabe escutar essa diferença.

3

O mundo pode ter luz, caminho, força, festa, fartura. Mas, sem a folha, o corpo não se ergue. As folhas conhecem o segredo do nascimento, da vida, da doença e da morte. Quem colhe sem reverência, quem pisa sem pedir licença, perde o axé. Porque cada folha é uma morada, cada erva tem um nome e só responde quando chamada do jeito certo. Sem o segredo da planta, não há cura. E sem Ossaim, não há folha que fale.

Ossaim é o orixá que não se impõe. Se recolhe. Não levanta a voz. Não exige atenção. Mas, sem ele, nada se sustenta. É o orixá que nos lembra do que é pequeno. Do que se dobra. Do que passa despercebido. Mas que, se faltar, tudo desmonta.

Se Exu é movimento, Ogum, impulso, e Oxóssi, precisão, Ossaim é interior. É recolhimento. É aquele que age para dentro e transforma por dentro. Que resgata o que parecia perdido.

Ossaim nos ensina que a sabedoria não grita. Que conhecer não é acumular, mas escutar. Que a cura não é remédio, é relação. Relação com a natureza, com o tempo, com o gesto. Com o invisível que vive em cada folha que dança antes de cair, antes de tocar o solo.

Ossaim é aquele que conhece o limite entre o bem e o mal, e sabe que ele está na intenção. Porque toda folha pode ser remédio ou veneno, toda palavra pode abençoar ou ferir. É a intenção que inclina o mundo para um lado ou para o outro. E Ossaim escuta isso antes de agir.

Por isso, sua presença é exigente. Não aceita pressa. Não tolera distração. Quem o invoca precisa chegar com humildade. Com respeito. Com a consciência de que nada do que vive é neutro. Tudo tem axé. E tudo pode se voltar contra quem o trata sem reverência.

Ossaim é o orixá da escuta. Mas não da escuta do som, mas da escuta da vida. Escuta da semente, da raiz, do sopro. Escuta do que o mundo não quer mais ouvir. Ele escuta o que ainda pulsa mesmo quando tudo parece mudo.

Entre os deuses e as deusas, ele é o que sustenta sem aparecer. Entre os humanos, é o que cura sem ser visto. No centro do terreiro, ele pode estar ausente. Mas nas folhas do banho, na reza do mato, na fumaça da defumação, está inteiro.

Ossaim nos ensina que o segredo não é esconder. É proteger. Que o saber não é poder. É caminho. Que a cura não é milagre. É escuta.

Ele é o orixá que vive na tessitura da folha. E é lá, e só lá, que se pode escutar o que a alma precisa lembrar.

Omulu

Omulu ou **Obaluaê** é o orixá da varíola, das pestes,
das doenças de pele, da morte e da ressurreição.
Senhor dos mistérios da terra, é aquele que
conhece o sofrimento e guarda o poder da regeneração.
Habita os campos secos, os cemitérios e os lugares
onde a vida se transforma em silêncio.
Seus filhos espirituais são retraídos, sensíveis,
intuitivos, reservados e misteriosos, muitas vezes marcados
por vivências intensas de dor ou isolamento.
Omulu aprecia carne de porco, carne de frango,
feijão-fradinho e pipoca. Recusa caranguejo,
carneiro, jaca e banana-prata. Suas cores são
o preto, o branco e o vermelho-escuro.
Seu símbolo é o *xaxará*, vassoura de palha,
enfeitada de contas e búzios, com a qual varre
as doenças para fora da casa e espalha a cura.
Saudação de Omulu: *Atotô!*

1

Omulu nasceu entre a febre e o abandono. Filho de Nanã, foi rejeitado ao nascer, porque seu corpo era coberto de chagas horríveis. Sua mãe, horrorizada, não quis criá-lo. Envolveu o menino num pano e o jogou no mar, num gesto que pretendia apagá-lo do mundo, que, ao contrário, o lançou a seu destino.

Quem o acolheu foi Iemanjá. A senhora do mar o recolheu em suas águas salgadas e o levou para criar. Vendo o corpo do menino coberto de feridas, Iemanjá o cobriu com palha-da-costa para esconder sua pele de todos. Mais que um disfarce, era uma proteção para o menino e para quem o visse. Porque a pele de Omulu, também chamado Obaluaê, guarda o segredo da morte e da cura.

Cresceu curtido de sal e silêncio do mar profundo, longe de todos, nutrido pelo canto das ondas e pelo som do voo dos pássaros da praia. Aprendeu sozinho o que os outros orixás nunca ousaram saber. Aprendeu a domar a febre, a conversar com os vermes, a conhecer os nomes das doenças. Aprendeu os nomes mágicos, que queimam e que libertam.

Quando um povoado foi assolado pela peste, Omulu se revelou. Chegou sem ser chamado. Caminhou pela aldeia coberto de palha. E onde pisava, os doentes se levantavam. As chagas secavam. A febre passava. Ninguém sabia quem era. Mas todos sabiam que ali estava um deus.

Omulu é o orixá do limiar. Caminha entre os vivos e os mortos. Mora entre o que ainda pulsa e o que já se despediu. É dono dos cemitérios e senhor das doenças contagiosas, mas é também o único que sabe onde repousa a cura.

Sua dança é lenta e pesada. Não salta, não gira. Ele se arrasta. Pisa. Marca o chão com o peso de quem já viu demais. Seus passos não festejam, anunciam. Quando ele dança, o silêncio se impõe. O riso se contém. Porque todos lembram que a vida é breve, e que a presença de Omulu é sempre um alerta.

É coberto de palha que ele se mostra. Não por vergonha, mas por sabedoria. Dizem que quem vê o corpo de Omulu enlouquece ou morre na hora. Porque ali se revelam as verdades que o mundo não suporta. Por isso, os que o cultuam o reverenciam de cabeça baixa. Com respeito, nunca com curiosidade.

Quando usa branco, não o faz para demonstrar leveza, o que é puro e santo. Para ele, o branco é a cinza depois da queima. É pureza conquistada pelo sofrimento.

Entre os orixás, Omulu é o que carrega o maior peso. Não é feito de beleza nem de força nem de brilho. É feito de resistência. De transmutação. O que para os outros é fim, para ele é começo. Transforma chaga em cura, solidão em força, dor em sabedoria. Por isso, mesmo sendo evitado, é respeitado como um dos mais antigos, um dos mais profundos.

Não é fácil amar Omulu. É preciso suportar sua ausência. É preciso aceitar seu silêncio. É preciso atravessar o medo que ele impõe. Porque ele se apresenta no escuro, na beira da morte, na febre mais alta. Mas é ali que ele age. É ali que ele opera seu mistério.

Seu culto é feito de pipoca, palha, silêncio e respeito. Pipoca, porque estoura no calor e sobrevive. Palha, porque protege sem sufocar. Silêncio, porque o mistério não se fala. E respeito, porque só ele caminha com a morte e volta. Quando ele chega na casa de santo, se diz: "Atotô", "Silêncio", na língua dos orixás, com o dedo indicador cerrando os lábios.

Omulu não exige aplauso. Não quer cortejo. Não aceita vaidade. Mas quem o chama com verdade, se curva com humildade e aguenta sua presença, encontra nele o dom mais raro: o de renascer depois da febre. O de andar depois da queda. O de ser outro depois da dor.

2

Omulu não vive com os outros orixás. Vive no limite, no avesso, no intervalo entre o fim e o recomeço. Habita as bordas do mundo e, mesmo à margem, tudo passa por ele.

De Nanã e Iemanjá se formou um destino. Da mãe do tempo, ele herdou a profundidade que não tem pressa. Da senhora do mar, aprendeu o acolhimento silencioso e vasto. Criado nas águas, aprendeu a observar sem julgar. A febre que um dia o marcou virou conhecimento. As feridas que ninguém queria ver se tornaram o campo de sua atuação.

Mais tarde, Nanã o quis de volta. A mãe que o rejeitou um dia entendeu, enfim, o filho que pariu. Chorou arrependida e tentou uma reaproximação. Omulu aceitou, para ensinar que a dor pode ser superada quando vira sabedoria. Ele não guarda rancor, mas guarda distância. Aprende com o que doeu e não esquece. Mas transforma.

Com Exu, o laço é ritual. Exu abre, dispara o movimento; Omulu o encerra. Juntos, são como princípio e fim: os dois lados da existência. Nas encruzilhadas do destino, é comum ver pipoca e palha: Exu e Omulu foram chamados.

Com Ossaim, a ligação é de cura. Omulu conhece a doença, mas a folha é de Ossaim. Um precisa do outro. Um sabe o que há de errado; o outro sabe o que pode restaurar. Juntos, completam o ciclo da vida: ferida, remédio, cicatriz. A cura vem do mato, mas só depois que a febre ensina.

Com Oxum, teve passagem breve e tensa. Ela o rejeitou por causa de sua aparência, e isso afastou os dois para sempre. Oxum, que vê a beleza como imagem da alma, não suportou o corpo coberto de chagas. Mas Omulu não se ofendeu, seguiu seu caminho. Não se espera acolhimento fácil onde a beleza impera.

Com Obá, Omulu compartilha o recolhimento. Ambos foram rejeitados: ela por causa do amor, ele pela aparência. Ambos aprenderam a se calar e a observar. E nessa escuta se tornaram sábios. Omulu, da pele. Obá, do coração.

Omulu parece pobre, mas é rico. Parece feio, mas é bonito. Iemanjá, sua mãe adotiva, deu a ele as pérolas do mar, que ele carrega em fios presos ao corpo sob as palhas. Quando Iansã o viu numa festa, em um canto, sozinho e tristonho, se aproximou e sentiu sua beleza e riqueza, sabia que ele escondia sob a palha muito mais que as feridas da varíola. Ela então soprou seu disfarce, as palhas voaram longe, e as feridas se transformaram em flores brancas, que se desprenderam do corpo de Omulu e cobriram o chão. Como pipocas que estouram. E que príncipe belo ela desnudou, e que pérolas mais preciosas ele trazia consigo. Iansã dançou com seu príncipe formoso e rico a noite toda.

Com Xapanã, outra face sua, mais temida talvez porque mais desconhecida, se confunde. Qualquer que seja o nome, a missão é a mesma: revelar a consciência da fragilidade do corpo humano. O corpo é breve. A vida é risco. E só quem sabe disso vive com verdade.

Entre os humanos, Omulu é visto com receio. É o orixá das doenças. Da varíola. Da lepra, de todas as pestes. Quando ele passa, as mães recolhem os filhos, os anciãos fazem silêncio, e a pipoca estoura no fogo como saudação e proteção. Não se dança para ele com euforia; dança-se com solenidade. Sua presença impõe respeito.

Mas Omulu não é punição. Não castiga, revela. A febre é só o sinal. O sentido está mais fundo. Quando um corpo adoece, é porque algo se desajustou. E Omulu mostra. Aponta. Arde. Para que se aprenda. Omulu cura e é chamado de médico dos pobres.

Nas casas de santo, seu assentamento fica nos fundos, perto do chão. Quando outros orixás já agiram, quando tudo falhou, chamam por Omulu. E ele vem. Com tempo, sem pressa. Com peso. Mas vem.

Quem o invoca com verdade, encontra nele um pai grave, um guia duro, mas justo. Cura o que pode, consola o que deve, sepulta o que precisa.

Entre os humanos, Omulu é também o orixá da superação. Do renascimento. Dos que venceram uma doença grave, dos que vivem com dores crônicas, dos que não têm medo do tempo. Os que conhecem a impermanência e, por isso, celebram cada dia como se fosse o último, que vivem como se fosse o primeiro.

Omulu não nos promete a vida eterna. Mas nos dá consciência do que é viver. E isso, para quem entende, já é milagre.

3

Omulu é o orixá que transforma a dor em caminho. A doença não é castigo, mas o aviso da morte para que se ame a vida. O corpo fala quando a alma não foi ouvida. Omulu escuta esse corpo. Escuta o que arde. Escuta o que apodrece. E, se for a hora, escuta também o que pode se renovar.

Ele é o orixá da travessia entre o fim e o recomeço. Habita o momento exato em que a pele se rompe, em que o fio da vida se afrouxa, em que tudo parece perdido, mas não está. Quando as chagas cobriam os corpos e ninguém mais sabia o que fazer, Omulu chegou coberto de palha, silencioso, e a peste recuou. O povo não sabia seu nome. Mas todos sentiram sua presença.

O que Omulu ensina não é alívio fácil. É transformação profunda. Não promete o fim da dor, mas convida a atravessá-la com olhos abertos. Porque só quem encara o que dói é capaz de se tornar outro. Transformou chaga em remédio, palha em coroa, abandono em poder. Seu saber não é aprendido, é vivido. Está no corpo que ardeu, na solidão que se impôs, na rejeição que foi suportada até virar sabedoria.

As histórias, como aprendemos na carne, são muitas e contam coisas diferentes. Dizem umas que foi Nanã que cobriu Omulu de palha, ela mesma, a mãe que o trouxe à vida, e não Iemanjá. Nanã já conhecia a beleza por ter parido Oxumarê, o belo Arco-Íris, o querido, então lhe faltava conhecer o outro lado, o feio, o indesejado. E assim Omulu completou a sabedoria de Nanã. Ele recebeu sua sina em silêncio, enquanto o irmão era saudado, na chuva, pelo estardalhaço de Xangô com seu trovão.

O silêncio de Omulu, mais que um escondimento, é uma linguagem. Sua ausência, uma presença densa. Ele está onde ninguém mais quer estar, ali, perto da morte, a um passo do ocaso. Ele atua onde tudo parece já ter se rompido.

Quando dançam para Omulu, os pés arrastam no chão. Não se salta, não se roda. Dança-se como quem pisa sobre os ossos da terra. Como quem carrega o corpo inteiro com reverência. A palha balança devagar. O atabaque respeita. A pipoca estoura sem pressa, e cada grão branco que se abre é um pequeno milagre: um sinal de que algo sobreviveu ao fogo.

A pipoca é seu símbolo porque explode, se abre, se transforma. Do grão duro, surge a leveza branca. Assim é o iniciado que passa pela febre de Omulu. Sai outro. Sai mais leve. Sai com menos pressa. Com menos certezas. Com mais escuta.

Nos rituais, sua presença é discreta. Fica onde começa a decomposição. Onde termina a pressa. Onde mora o tempo que tudo vê. Ali se acende a vela, ali se deposita a pipoca, ali se põe a cabeça no chão, em prostração. E quem tem sorte ou destino, recebe dele um sopro. Uma suspensão da febre. Uma chance.

Omulu não salva todos. Não atende pedidos vazios. Mas

ouve quem chega sem arrogância e reconhece o próprio limite. Quem aceita que há doenças que vêm para ensinar. Que há dores que limpam e mortes que não matam; só preparam para a vida seguinte.

Não fala muito. Mas, quando fala, sua voz é definitiva. Ele diz pouco, mas ensina tudo. Ensina que viver não é evitar a morte, mas fazer dela uma parte do caminho. Ensina que saúde não é ausência de dor e sim presença de sentido. Ensina que o corpo é morada, mas não é tudo.

Ele é o guardião do cemitério. Mas também da chama que arde por dentro. O que cura não é só a planta, nem o remédio. É o olhar que se abre depois da fcbre, a vontade de viver.

Por isso, quando se chama Omulu, é bom saber: ele virá com peso. Mas se o coração estiver limpo, ele também deixará espaço para o renascimento. Porque o seu axé é este: queimar o que já não serve, para que algo novo possa nascer.

Oxumarê

Oxumarê é o orixá do movimento cíclico da natureza
e da continuidade da vida. Habita o céu e a terra,
e sua presença se manifesta na chuva que cai
e no arco-íris que surge, ligando os mundos
de cima e de baixo. Oscilante como a serpente que
se arrasta, Oxumarê é senhor da transformação constante,
da renovação que permite o retorno e a repetição.
Representa a abundância que vem das colheitas fartas
e do equilíbrio entre os contrários. Dança levando
a serpente que o representa, esguia e misteriosa.
Aceita como oferendas pares de animais:
cabritos, galos e tatus; e batata-doce.
Recusa o peixe seco, o carneiro e o maracujá.
Suas cores são o preto e o amarelo, e seu símbolo
é a cobra de metal, em espiral, como o tempo que não cessa.
É orixá da dubiedade e da metamorfose, do ir e vir,
do ser um e ser outro. Seus filhos carregam em si
a tensão das polaridades e a vocação para a mudança.
Ahumboboi! é a saudação a Oxumarê.

1

Oxumarê desenha o mundo em espiral. Ele não caminha em linha reta, nem se repete. Ele retorna. Seu corpo é feito de dois: é metade homem, metade mulher; é serpente e é arco-íris; é chuva e é sol, tempo e movimento. Onde tudo para, ele circula.

Entre os orixás, é o mais fluido. Não está preso a uma forma. Ora aparece como homem, ora como mulher. E nunca se detém. Oxumarê é o orixá da repetição que sustenta o mundo. Porque é ele quem sobe e desce, sobe e desce, levando a água do mundo ao céu, e a água do céu de volta à terra.

É por isso que se diz que ele é o arco-íris. Oxumarê é o arco-íris que liga o céu e a terra, a curva que carrega o axé entre os mundos. Quando aparece no céu, é sinal de conexão. De equilíbrio entre as partes. De união entre contrários. Quando não aparece, não se iluda: ninguém o vê, mas ele está lá, sim.

Mas não se deixe enganar pela beleza das cores. Oxumarê também é cobra. E cobra, todos sabem, carrega mistérios debaixo da pele. Durante seis meses, Oxumarê é uma grande serpente, enrolada no mundo, movimentando-se entre os veios da terra. Em certos momentos, assume a forma humana, dançando entre os orixás com passos que ninguém consegue imitar.

Essa alternância é potência. Oxumarê sabe que só quem muda pode sustentar. Só quem flui pode continuar. Por isso, ele não aceita ser fixado. Não tolera ser contido. Seu corpo é flexível como o tempo. Sua identidade, vasta como o céu depois da chuva.

É ele quem garante que o ciclo do mundo continue. O dia que vira noite. A água que sobe e chove. O alimento que brota da terra e retorna ao chão. Oxumarê é o senhor da continuidade. Se ele não caminha, o mundo para. Nada nele é estático. Tudo pulsa.

Oxumarê é o orixá do movimento que sustenta. Mas é também o orixá da beleza que liga. Quando aparece como arco-íris, ele não vem só para enfeitar o céu: vem para costurar o que estava separado. Liga a água da terra ao fogo do sol. Liga o que subiu com o que vai cair em forma de chuva. Liga o visível ao invisível, o alto ao profundo, o tempo que passou ao tempo que virá.

O arco-íris é a aparição mais visível daquilo que não se pode tocar. Oxumarê é o arco-íris que atravessa o céu e desaparece antes que se possa alcançá-lo. E ainda assim, ninguém duvida de sua presença. Ele aparece depois da tempestade. Não para apagar o que choveu, mas para revelar o que se purificou.

O arco-íris de Oxumarê não é enfeite, é caminho. Uma ponte feita de cor e beleza. Uma curva que não aponta destino, mas sugere passagem. Quem vê o arco-íris, vê Oxumarê sorrindo por entre as nuvens. Mas esse sorriso não é de alegria fácil. É de quem sabe que a beleza vem depois da tensão.

Cada cor que ele revela é um aspecto da diversidade que representa. Não é um só tom, nem um só papel. Oxumarê é múltiplo. E por isso é inteiro. O arco-íris é sua forma de existir no céu sem se prender, de tocar a terra sem se manchar. Ele se curva e, por isso, permanece.

É curva, é passagem. Um convite à flexibilidade, a deixar que o tempo se dobre, a identidade se expanda, a verdade aceite o contorno. Porque quem tenta andar em linha reta perde o horizonte. Oxumarê ensina que o céu também se curva.

Por ser duplo, Oxumarê foi temido. Por ser fluido, foi rejeitado. Houve quem o acusasse de dissimulação, quem o visse como ameaça. Dizem que os humanos um dia se assustaram com sua forma serpente, e Oxumarê desapareceu do mundo por um tempo. Quando sumiu, a seca se espalhou. Só quando foi chamado de volta, com respeito e reconhecimento, a água voltou a correr.

Este é o seu fundamento: onde há rigidez, ele não floresce. Onde há acolhimento da diferença, ele se apresenta em toda sua luz. Oxumarê não impõe seu movimento, apenas convida. E quem aceita esse convite entra no ritmo da vida. O ritmo que rodopia, que flui, que retorna sem se repetir.

Sua dança é ondulada. Seu canto é sopro. Seu tempo é sinuoso. Oxumarê gira sobre si mesmo e avança. Vai e volta. Nunca igual. Sempre inteiro.

A cobra é sua forma mais profunda. A serpente que se enrola no mundo e impede que ele se desfaça. Mas também o arco que se curva no céu, colorido, depois da chuva, como promessa e reconciliação. Ele é os dois. Sempre os dois. Jamais um só.

Oxumarê é o orixá da unidade que acolhe a diferença. Do equilíbrio que vem do movimento. Do poder que não domina, mas conecta. Seu axé está na curva. Na travessia. No retorno. E é por isso que nunca se perde, porque nunca está preso.

2

Oxumarê não é orixá de permanecer. É de ir e voltar. E por isso, sua presença entre os deuses e os humanos é marcada por fluxos, desaparecimentos, reaparições. Ele não se fixa, circula. Por onde passa, une o que estava separado, move o que estava parado, dissolve o que estava rígido.

Entre os orixás, há quem o admire e quem o evite. Porque ele carrega em si a diferença, e nem todos estão prontos para acolhê-la.

Xangô respeita sua presença, mas não a compreende totalmente. O rei do trovão é firme, flamejante, central. Oxumarê é curva, é arco, é passagem. Quando Xangô olhou para Oxumarê, viu ali algo que não se dominava com o fogo. Desejou-o só para si, mas Oxumarê já ia longe.

Oxum, por outro lado, reconheceu nele a beleza da ondulação. Disse que Oxumarê era como o rio quando dança no fundo do vale: cheio de formas, jamais previsível. Mas mesmo Oxum, que entende o encanto, não ousou se aproximar demais. Oxumarê não se deixa conter nem pelo olhar do espelho.

Exu é o único que sorri abertamente ao vê-lo passar. Entende sua linguagem. Ambos são passagem: Exu entre mundos, Oxumarê entre tempos. Exu abre a encruzilhada, Oxumarê a atravessa. Se reconhecem no mistério.

Com Ossaim, o vínculo é de vibração sutil. Dizem que Ossaim colhe suas folhas quando Oxumarê passa no céu. Porque há mais força nas raízes quando a curva do arco-íris abençoa a mata. Ambos conhecem os segredos do que vive entre o visível e o oculto.

Omulu se recolhe quando Oxumarê se mostra. Não por medo, mas por respeito. O senhor da doença sabe que Oxumarê carrega o dom de dissolver tensões com sua dança sinuosa. Quando Oxumarê aparece, a febre cede, o corpo se entrega ao suor que cura.

Com Iansã, houve fascínio e faísca. Ela quis dançar com ele, mas ele dançava sozinho. Iansã é vendaval; Oxumarê, brisa que sobe em espiral. Cada um no seu tempo. E o tempo deles não coincidiu.

Com os humanos, a relação é delicada. Muitos não sabem lidar com sua presença. Seu corpo duplo, sua fluidez de forma e gênero, sua alternância de estado. Ora se apresenta como homem, ora como mulher, e, por isso mesmo, há quem não o reconheça, quem o negue, quem o tema.

Quando ele desaparece, contudo, o mundo sofre. Diz-se que houve um tempo em que os humanos não quiseram mais Oxumarê. Acharam-no estranho demais, incompreensível. E ele se recolheu. Então veio a seca. Os rios já não tinham água para correr, os alimentos minguaram. O céu se fechou. Foi preciso pedir perdão. Cantar seu nome com verdade. Então, Oxumarê retornou como arco-íris, e a chuva caiu. Os rios voltaram a molhar os pés de homens e mulheres em sua travessia.

Ele não guarda rancor. Mas ensina com a ausência. Mostra que o que não é aceito não permanece. Que a rigidez expulsa o movimento. E que onde o fluxo não entra, tudo seca.

Nas casas de santo, sua presença é marcada por elegância, suavidade e poder contido. Os filhos de Oxumarê não gritam; eles vibram. Não enfrentam; dobram o mundo com paciência. Trazem nos gestos a beleza de quem carrega o sol e a chuva na mesma pele.

Entre os humanos, Oxumarê se manifesta naqueles que vivem entre. Entre o sim e o não, entre o antes e o depois, entre o masculino e o feminino, entre a certeza e o talvez. Ele é patrono do que escapa às classificações. É o senhor dos que não cabem, dos que dançam entre identidades, daqueles que se reinventam ao girar.

Aos que o acolhem, Oxumarê oferece continuidade. A capacidade de resistir sem endurecer. De mudar sem se perder. De circular sem deixar de ser inteiro.

Oxumarê ensina que não há evolução sem curva. Que não há permanência sem movimento. Que não há identidade sem transformação. E que viver é repetir, não para ser o mesmo, mas para reencontrar-se em nova forma.

3

Oxumarê é o orixá da continuidade. Mas não da repetição vazia, mas sim da repetição que move, transforma, recomeça o mundo a cada curva. Ele nos ensina que a vida não caminha em linha reta. A vida se enrola, se dobra, se desfaz, se recompõe.

Por isso, ele é serpente. Por isso, é arco. Por isso, é arco-íris. Oxumarê é a forma que se movimenta sem se romper. A curva que une extremos. A beleza que emerge depois da tensão.

Seu corpo nunca é um só. Sua identidade nunca se fecha. Ele transita entre masculino e feminino, entre visível e invisível, entre forma e força. E nos ensina que o sagrado não é fixo. O sagrado é fluxo. O axé é movimento.

Oxumarê ensina que mudar não é trair quem somos, é ser fiel ao que pulsa em nós. Ser o mesmo é diferente de ser sempre igual. O que permanece é o ritmo. Não a forma. O que sustenta o mundo é o retorno, não a rigidez.

A cobra se arrasta, mas avança. O arco se curva, mas une. O arco-íris não toca o chão, mas conecta céu e terra. Assim é Oxumarê: tudo nele parece entre. E, por isso, tudo nele é inteiro.

Ele nos convida a dançar com o tempo, a aceitar que há ciclos. Que o que vai, volta. Que o que volta, já não é o mesmo. E que está tudo bem assim. Porque o segredo não está na chegada. Está no percurso. Está na repetição com consciência. Está no retorno com sabedoria.

Oxumarê não exige aplauso. Exige flexibilidade. Sua lição é sutil e radical: quem se endurece, se quebra. Quem se curva, se mantém. Quem aceita a multiplicidade, encontra equilíbrio.

Por isso, seus filhos aprendem a andar com leveza e firmeza ao mesmo tempo. Aprendem a ser vários sem se perder. A retornar sem retroceder. A mudar de forma sem esquecer o que são. Eles vivem na dobra. Vivem no meio. E é nesse meio que florescem.

Oxumarê é também o orixá da promessa. Porque o arco-íris aparece depois da chuva. Ele é sinal de que tudo passa. De que a tempestade termina. De que a luz volta. De que a terra será regada. De que ainda vale a pena esperar.

Mas não é promessa fácil. É promessa para quem aceita o tempo. Para quem não tem pressa de chegar. Para quem caminha com o corpo inteiro, mesmo que o caminho se dobre.

Oxumarê é a esperança em forma de movimento. É a resistência em forma de beleza. É a multiplicidade como força sagrada.

Ele nos lembra, por fim, que o axé não corre em linha reta: ele se move numa estrada cheia de curvas, às vezes subindo e descendo, se alargando e se estreitando, em espiral. Vai e volta. Volta e vai. E assim, sustenta o mundo. Nos lembra sempre um lugar-comum, mas verdadeiro: viver é difícil.

Xangô

Xangô é o orixá do trovão e do fogo, senhor da justiça e dos poderes que governam o mundo. Fala alto com o estrondo do céu e pune com o raio que rasga o ar. Ele e seus filhos e suas filhas carregam características associadas ao poder, ao senso de justiça e ao orgulho. Seu domínio natural é o fogo que devora, mas também purifica. No plano social, é o rei por excelência, símbolo da autoridade, do julgamento, da ordem e da burocracia que regula os destinos coletivos. Recebe oferendas de carneiro, cágado, frango e quiabo. Não aceita cabrito nem feijão-branco. Suas cores são o vermelho e o branco, entrelaçadas como o equilíbrio entre paixão e razão. Seu emblema é o *oxé*, o machado duplo que leva em pose forte, como arma e como signo de poder e justiça. É majestoso, movido pelo desejo de poder e pelo gosto do mando. Em seu caráter se misturam a voracidade, a volúpia e a ganância, mas também a vontade de fazer justiça, mesmo quando os meios são duros. Saúde Xangô com as palavras: *Caô Cabiessi!*

1

Xangô não pede passagem, ele abre caminho com o estrondo do trovão. Não murmura, ruge. Não se explica, impõe. Ele não espera que o mundo se incline: quando levanta seu machado, o mundo responde.

Xangô é rei. Mas não é rei por herança. É rei porque conquistou. Porque enfrentou. Porque caiu e voltou a subir. Xangô foi rei em Oió e, mesmo depois de levado para o Orum como orixá, continuou reinando. Porque há reis que reinam num tempo limitado. E há reis que reinam para sempre.

Ele nasceu de Oxalá e Iemanjá, e foi dado a Iansã, a quem o destino o uniu na trajetória que o levou a ser um deus. Recebeu de Orunmilá a arte de lançar pedras de raio. E foi com elas que aprendeu a julgar, punir, transformar o erro em cinzas.

Desde cedo, seu sangue pedia batalha. Não por gosto da guerra, mas por necessidade de ordem. Onde havia confusão, Xangô chegava com sua justiça. Onde havia mentira, sua palavra pesava. Onde havia dúvida, sua presença decidia.

O oxé, machado duplo que carrega, não é só arma, é símbolo. Com um lado ele fere, com o outro sustenta. Com um lado pune, com o outro absolve. Porque Xangô é a balança que fala. É o trovão que julga. É a sentença que ecoa nas montanhas do tempo.

Mas não pense que Xangô é frio. Seu fogo não é apenas destruição, é desejo, paixão, intensidade. Ele amou Oxum, amou Iansã, amou Obá. E cada uma dessas mulheres levou parte do seu coração. Com Oxum, viveu o prazer da beleza. Com Iansã, a fúria do vento. Com Obá, o pacto da fidelidade, e também a dor da traição.

Seu palácio era um campo de afetos. Seu trono, uma arena de forças. Porque Xangô não divide apenas território: divide o corpo, divide o coração. E por isso é orixá de amores intensos, de alianças poderosas e rupturas definitivas.

Foi ele quem mandou erguer o primeiro tribunal do mundo. Ninguém falava sem que Xangô autorizasse. E sua palavra era a final. Ele não se ilude com meias-verdades. Não se deixa levar por aparência. Seu julgamento atravessa o que se vê e toca o que se esconde.

Sua justiça não é calma. É fogo. E como todo fogo, pode purificar ou consumir. Há quem peça por Xangô e acabe ouvindo o próprio erro queimando por dentro. Porque ele não protege os que mentem. Nem mesmo os que erram de modo impensado. Xangô ensina com impacto. Ensina com raio. Ensina com fim.

Quando ergue os olhos para o céu e gira os ombros, as nuvens se acumulam e os trovões anunciam que algo será julgado. E é então que o mundo estremece.

Nos terreiros, seu chamado é firme. O toque do tambor ressoa como sentença. Seus filhos dançam com os pés fincados na terra e os braços elevados como machados. Sua força é fundamento, não furor.

E quando ele gira, a poeira sobe. Os olhos se fecham. O coração se cala. Porque Xangô está presente. E quando ele está, nada é fingimento.

Por isso ele é rei, mesmo depois da queda. Quando desapareceu, entrou pelo buraco da rocha e deixou atrás de si o fogo e o estrondo. Sumiu da vista, mas ficou como lei. Como memória. Como justiça sagrada.

Xangô não se retira. Ele se instala. Nos corpos, nos tronos, nas palavras que não podem ser desmentidas. Onde há verdade, ele reina. Onde há dúvida, ele pesa. Onde há injustiça, ele volta.

E quando volta, não volta só. Vem com trovão, com fogo, com sua capa vermelha tremulando ao vento. E todo mundo sabe: quando Xangô fala, é para o mundo escutar.

2

Xangô não anda só. Onde ele passa, arrasta multidões, sela e rompe alianças, provoca guerras e põe fim a elas. Está no centro dos orixás, centro que atrai e também ameaça. Quem se aproxima dele ganha força. Mas precisa saber: toda força que se aproxima de Xangô é também julgada.

Ogum foi seu irmão de armas e também rival. Ogum e Xangô brigaram pelo governo das cidades. Xangô venceu e subiu ao trono. Mas não sem feridas. Ogum, com seu ferro, sabia abrir caminhos. Xangô, com seu fogo, sabia fechá-los com uma sentença. Quando se enfrentaram, não foi pela terra apenas, mas pelo direito de nomear o mundo. Ogum foi para a mata. Xangô ficou com a cidade.

Com Exu, a relação era ambígua. Xangô temia Exu e ao mesmo tempo o usava. Sabia que Exu podia embaralhar o que ele queria esclarecer. E também sabia que, sem Exu, a palavra não ganha sentido. Por isso, mantinha-o alimentado. Sabia que justiça sem comunicação, sem a palavra dita e compreendida, vira tirania. E que Exu, mesmo imprevisível, era necessário para que sua voz chegasse ao povo.

Xangô amou três mulheres. Nenhuma lhe foi completamente fiel, mas todas foram profundamente marcadas por ele. Obá lhe ofereceu parte do próprio corpo; Oxum, encantamento; Iansã, a companhia no relâmpago. E com cada uma viveu uma forma de paixão que o transformou.

Com Obá, a fidelidade se fez tragédia. Ela cortou a própria orelha para agradá-lo, e ele a rejeitou por isso. Mas o que parecia crueldade era, em Xangô, temor da entrega total. Com Oxum, viveu o jogo do brilho e da vaidade. Ela queria ser rainha ao lado do rei mais desejado. E ele gostava de se ver espelhado nela. Quando Oxum o traiu, ele não a perdoou. Com Iansã, encontrou fogo. Iguais. E o mundo tremia quando dançavam juntos.

Com Oxumarê, dividia o céu. Enquanto Oxumarê levava a água do mundo ao céu, Xangô a devolvia com o raio e o trovão. A chuva era o resultado do seu pacto silencioso. Um movimento circular entre o que sobe e o que cai, entre o que fertiliza e o que julga.

Por Omulu tinha respeito. Xangô sabia que não se manda no reino dos mortos. E por isso, baixava a cabeça diante de Omulu. Ele, senhor do fogo e da palavra. Omulu, senhor do silêncio e da febre. Cada um com seu território. E nenhum ultrapassava o do outro sem aviso.

Entre os humanos, Xangô foi rei de verdade. Viveu como homem e orixá. Governou com firmeza, teve na cabeça as coroas de cidades, governou Oió com astúcia, com mão forte. Mas foi traído. Os inimigos o acusaram de injustiça, de imperícia na guerra. Viram nele o destruidor de sua cidade, que, sem querer, transformou em cinzas. O povo se voltou contra ele. Então, Xangô partiu. Buscou a forca para se punir, mas Iansã o impediu de se matar, como deviam proceder os reis rejeitados pelo povo. Comandado por Iansã, entrou numa rocha e desapareceu no Orum. Mas, mesmo no outro mundo, continuou mandando trovões: sua mensagem, seu veredito.

Por isso, nos terreiros, Xangô é tratado como rei que sempre governa. Seu assentamento é trono. Seu machado, sentença. Sua dança, anúncio de julgamento. Quando chega, os filhos batem no peito com força e dizem: "*Caô Cabiessi!*", "Abram alas para o rei!".

Os filhos de Xangô são firmes. Têm senso agudo de justiça. Também carregam o fogo das paixões e o peso das decisões difíceis. São líderes natos e, por isso, nem sempre amados. Porque a justiça, quando é justa de verdade, desagrada quem está acostumado com o privilégio. Ou acostumado à injustiça.

Xangô ensina que ser rei não é mandar, é decidir. E decidir dói. Exige corte e firmeza. Por isso, ele carrega um machado de dois gumes. Porque sabe que toda decisão corta dois lados: de quem a aplica e de quem a sofre.

Ele é o orixá da verdade, mas da verdade que queima. Que não permite engano. Que não aceita meio-termo. Quando Xangô fala, o tempo para. Porque, do que ele diz, não volta atrás.

3

Xangô é o orixá da justiça, mas sua justiça não cabe nos códigos dos homens. Não é fria, não é imparcial, não é distante. É ardente, sonora, encarnada. A justiça de Xangô tem corpo. Tem voz. Tem tempo. Tem dor.

Xangô não julga como um juiz isolado num tribunal. Ele julga como quem conhece o mundo. Como quem amou demais, perdeu demais, viu demais. Sua justiça é a de quem já foi traído, já foi aclamado, já caiu, já se reergueu. A de quem carrega no peito o peso das escolhas que ferem até quando acertadas.

Ele é justo. E ser justo, para Xangô, é decidir com coragem. Não fugir do corte. Não se esconder na dúvida. Saber que, às vezes, é preciso dizer não para proteger o que permanece. E, às vezes, é preciso dizer sim para abrir o mundo de novo.

Seu machado de dois gumes não é simplesmente o símbolo de poder, é sinal de equilíbrio. Toda decisão corta dois lados. O que beneficia um, fere outro. Por isso, quem julga precisa ter coragem. Porque nunca sai ileso. Xangô carrega no próprio corpo as marcas do que decide.

Xangô é o orixá da palavra que pesa. Da fala que não pode

ser desfeita. Ele ensina que dizer é assumir. Que nomear é dar forma ao que existe. Quando Xangô nomeia, aquilo se realiza. Por isso, seus filhos sabem calar antes de falar. Porque com a palavra certa, o mundo muda. E com a palavra errada, também muda, mas para pior.

Ele ensina que a verdade tem temperatura. A verdade de Xangô queima. Não conforta de imediato. Primeiro incomoda. Só depois revela seu valor. Porque é uma verdade que rasga o véu. Que ilumina o que estava escondido. Que não se curva à conveniência.

Xangô é fogo, mas é fogo que julga. Queima o excesso. Queima a mentira. Queima o orgulho cego. Mas também aquece. Ilumina. Traz luz para o caminho. Aquece o frio da dúvida. Seu fogo purifica, se você estiver disposto a arder.

Ele é o orixá da rocha. Daquilo que resiste. Que não cede ao tempo, nem ao vento, nem à manipulação. Xangô mora na pedra onde se recolheu quando foi traído. E ali ficou, como quem se transforma em fundamento. Hoje, todo altar de Xangô é uma lembrança dessa rocha, desse lugar onde a dignidade se escondeu para sobreviver e depois voltou para reinar.

Seus filhos carregam no corpo o mesmo eixo. Têm o andar firme. A fala direta. O senso de justiça vem antes do interesse. Sofrem quando veem o mundo torto. E, por vezes, erram por tentar endireitá-lo à força. Mas aprendem. E continuam. Porque Xangô não exige perfeição, mas responsabilidade.

Ele não promete alívio. Promete medida. E por isso é chamado quando tudo parece sem saída. Quando já se tentou o acordo, a conversa, o remendo e nada se resolveu.

É então que se chama Xangô. E Xangô vem. Traz o raio, o fogo, a palavra definitiva.

Nos rituais, ele não dança leve. Ele pisa forte, cadenciado. Gira como quem arrasta o mundo nos ombros. A capa vermelha se abre, o machado sobe e o tempo para, esperando seu veredito. Porque quando Xangô gira, gira também o destino.

Ele não castiga por capricho. Castiga para devolver o eixo. Sua fúria é pedagógica. E por isso é respeitado, não apenas temido. É amado, não apenas obedecido. Os que o conhecem de verdade sabem: Xangô só derruba o que já estava podre.

Xangô é a força da palavra sustentada pelo caráter. É o calor da verdade dita no tempo certo. É a rocha que escora, o fogo que purifica, o rei que reina porque ninguém mais tem coragem suficiente para ocupar seu lugar.

E assim ele permanece: não no trono visível, mas no lugar invisível onde as decisões verdadeiras nascem. Toda vez que alguém escolhe com coragem. Toda vez que alguém fala com verdade. Toda vez que alguém resiste à tentação de mentir para si mesmo, Xangô está ali.

Ele é o orixá do juízo, mas também do exemplo. Da retidão que não se exibe, mas se impõe. Da verdade que não é vaidade, mas destino. E por isso ele reina. Reina no trovão. Reina na palavra que transforma. Reina em tudo que é dito com firmeza, com justiça, com axé.

Obá

Obá é a deusa que protege o lar e as tarefas domésticas, e é também uma grande guerreira. É o orixá dos rios ligeiros e do trabalho silencioso. Carrega no corpo e na alma as marcas da entrega total, a coragem do afeto e a dor da submissão e do ciúme, como seus descendentes. Senhora da casa e da guerra, transita entre o cuidado e o combate, entre o lar e o campo de batalha. Sua força está na fidelidade extrema, que tantas vezes a torna vulnerável. Aceita como oferendas cabra, galinha e quiabo. Recusa ovelha e mariscos. Suas cores são o vermelho e o dourado, evocando o sangue da luta e o brilho da devoção. Seus emblemas são a espada e o escudo, instrumentos de defesa, mas também de espera. É orixá de personalidade submissa e ingênua, dedicada ao amor e à vida doméstica, ainda que saiba lutar quando necessário. Saudação a Obá: *Obaxirê!*

1

No início dos tempos, quando as mulheres guerreavam como os homens e os sentimentos eram matéria bruta, havia um orixá de força singular. Ela vestia armadura e não usava espelho. Sua beleza estava nos músculos, no suor, na espada. Obá nasceu para lutar, mas lutou por amor e foi vencida por ele.

Obá era mulher de Xangô e desejava ser a preferida do rei, que dividia com outras tantas seu trono e seu leito. Oxum, com astúcia, fingiu que ganhara o coração de Xangô oferecendo-lhe um prato com sua própria orelha. Obá acreditou e, tomada de paixão, seguiu o que dissera Oxum. Quando Xangô descobriu, ficou horrorizado, e Obá foi expulsa de seu reino. Envergonhada, abandonou o palácio e desapareceu. Dizem que se lançou às águas, ou que as águas a recolheram. Desde então, virou rio. Um rio de dor que leva seu nome e corre sem pedir licença.

Obá é o orixá do gesto extremo. Não age pela metade. Se ama, oferece tudo. Se luta, vai até o fim. Mas o mundo não perdoa o excesso. O amor, quando transborda, vira vergonha. A entrega total vira loucura aos olhos dos que não compreendem.

Obá guerreira, Obá sacrificada, Obá transformada em água viva. Seu corpo virou caminho, seu sangue virou correnteza. Não se aplaude uma mulher que chora de amor: afasta-se. Mas ela não foi embora. Transformou-se. E no curso do rio, onde seu nome ecoa, ainda mora sua força.

A tragédia de Obá não é apenas a de quem perdeu, mas de quem foi enganada, de quem confiou no que lhe disseram, de quem ofereceu mais do que podia aguentar perder. Seu gesto, tão comentado, tão julgado, foi um grito silencioso de quem amava demais em um mundo que a queria dura.

A mulher que ofereceu a orelha não era fraca nem submissa, era intensa e passional. Ainda assim o amor não a reconheceu. E os deuses, tão guerreiros quanto ela, preferiram rir.

Obá não responde ao escárnio. Mas também não perdoa. Ela se retira. E sua ausência pesa mais do que sua presença.

Seu culto é discreto, sua dança, cerrada. Mas quem a invoca, sabe: Obá não abandona quem sofre por amar demais. Quem já se perdeu por querer ser amada. Quem já sentiu vergonha por ter oferecido o coração sem que lhe pedissem.

Obá é o rio onde a dor vira força. Onde a vergonha vira espada. Onde o amor não morre, apenas muda de forma.

2

Das esposas de Xangô, Obá foi a que mais se doou. Enquanto Iansã incendiava com o vento e Oxum encantava com sua imagem, Obá se apresentava com o que tinha: corpo inteiro, amor absoluto, lealdade de espada embainhada. Amava como quem não conhecia o meio-termo. Desejava ser escolhida entre todas, e por isso foi preterida.

Com Iansã, a relação foi de rivalidade. Duas guerreiras apaixonadas pelo mesmo homem, disputando com armas diferentes. Iansã era o furacão, o impulso, o prazer fulminante. Obá era o rochedo firme, o amor duradouro, a fidelidade sem retorno. Não podiam coexistir. O destino as separou e, com o tempo, ambas aceitaram que seus caminhos eram distintos.

Depois da armadilha de Oxum para Obá, as três mulheres se afastaram. Oxum e Iansã mantiveram seus lugares ao lado do rei do trovão, mas Obá se retirou. Mais por dignidade que fraqueza. Tornou-se o rio que corre nas bordas do palácio. O rio que leva embora os excessos do afeto, a vergonha do gesto extremo, e a memória de um amor que não soube acolhê-la.

Com Ogum, Obá partilhou mais do que histórias. Partilhou a dor de quem foi rejeitada. Certa vez, Ogum desapareceu na mata, tomado por angústia e insatisfação. Foi Obá quem o acolheu, sem recriminações. Cuidou dele sem fazer perguntas, sem exigir. Soube respeitar o tempo do guerreiro ferido. Não lhe pediu nada, apenas se manteve presente. E quando Ogum voltou ao mundo, levado por Oxum, Obá não esperou reconhecimento. Para ela, cuidar não era barganha: era fundamento.

Com Omulu, dividia a condição dos que foram recusados por sua aparência, por seu excesso, por sua diferença. Ele, coberto por palha, escondendo a dor da carne. Ela, marcada pela ausência de uma orelha, ocultando a dor do coração. Omulu conhece a discrição de Obá, e ela entende a reserva dele. São deuses que não falam alto, mas que deixam impressões profundas em quem os vê.

Entre os humanos, Obá é presença rara. Quase não tem filhos, dizem. Não por desprezo, mas porque poucos aguentam seu peso. Obá não aceita amores mornos, não tolera promessas vazias. Não responde a chamados levianos. Só se manifesta quando há verdade, entrega e coragem.

Mas aqueles que já foram ridicularizados por amar demais, aqueles que já caíram de joelhos diante de alguém que não os viu. Esses, ela acolhe. Não para alimentar a dor, mas para ensinar que se pode transformar humilhação em força. Obá oferece espada a quem só tinha pranto.

Nas casas de axé, sua presença é discreta. Dança com o braço curvado sobre a cabeça, como quem protege o ferimento. Sua dança é contida, mas seu axé é firme. Como mulher acostumada à guerra, muitas vezes dança se escondendo atrás de seu escudo. Quando alguém carrega um desgosto profundo, uma vergonha difícil de dizer, é com Obá que deve falar.

Ela não julga. Já conheceu todos os erros do afeto. Mas exige respeito. Não aceita ser invocada por vaidade. Aquele que se aproxima de Obá deve saber: ela é a figura viva da coragem depois da queda. É o escudo de quem já foi ferido. É a mão que ampara sem perguntar por quê.

3

Obá é o fundamento daquilo que quase ninguém quer ver: a dor da entrega sem retorno. A vergonha de ter amado com demasiada intensidade. O ridículo de ter sido enganada quando tudo o que se queria era ser amada. Obá representa o gesto que passou do ponto, o afeto que não coube no mundo. E por isso carrega a força que só existe no excesso.

Ela é o orixá daquilo que sobra: o amor que não foi aceito, a força não reconhecida, a coragem desdenhada. Carrega no corpo o sinal do que ofereceu. Mas, em vez de se calar, transformou-se. Virou rio. E quem vira rio aprende a seguir sem depender das margens.

Obá não é orixá da vingança. Tampouco da resignação. Ela não revida nem se apaga. Ela se desloca. Recolhe-se da cena pública para reinar na interioridade. Sua força é a de quem já amou com intensidade e sabe que o tempo passa, mas a marca fica. E Obá é essa marca: cicatriza para lembrar e não para desaparecer.

Ela ensina que o amor é um risco. E que há vezes em que o risco se concretiza em dor, que há decepções que nos fazem sangrar. Mas também que o sangue derramado pode virar rio. Pode se mover. Pode alimentar novas margens.

Obá nos lembra de que não há erro em amar demais. O erro está em pensar que a medida do outro deve limitar o tamanho do nosso gesto. Ela não se arrepende de ter amado. Apenas aprendeu que o amor que fere não deve ser alimentado. E então, em vez de lutar por um espaço no trono de Xangô, ela fundou o próprio reino. Mas está presente no reino de todos, na casa de todos, porque Obá preside o trabalho doméstico, nunca deixou de ser a primeira esposa da casa de Xangô, nunca deixou de reinar. Seu trono está assentado na cozinha, onde a vida se produz no preparo dos alimentos.

Nas encruzilhadas da vida afetiva, quando nos sentimos tolos por termos acreditado em uma promessa, Obá se aproxima. Não com consolo, mas com sua história para mostrar. Diz: "Você não errou por amar. Errou por se esquecer de si ao construir sua própria história". Obá é o retorno à dignidade depois da exposição. É a virada que vem quando o pranto já secou.

Seu fundamento é este: o amor não nos diminui, a vergonha é que nos prende. Mas até a vergonha pode virar caminho, se for atravessada com coragem. O orixá que perdeu a orelha por acreditar demais é também aquele que aprendeu a ouvir com o corpo inteiro. E por isso escuta o que quase ninguém escuta: o suspiro dos corações humilhados, o grito abafado de quem foi deixado para trás.

É o orixá da mulher que foi ridicularizada e se reergueu. Do homem que foi enganado e seguiu em frente. Da criança que foi deixada de lado e aprendeu a se bastar. Obá é o rio da superação. O rio da memória viva. O rio da dor que vira fundamento.

Iansã

Iansã, ou **Oiá**, é o orixá dos ventos,
raios e tempestades que arrebatam o céu.
É a deusa que conduz os espíritos dos
mortos ao Orum (o céu dos orixás).
Suas características e as de seus filhos
e suas filhas incluem coragem, força e paixão.
Preside os movimentos do ar, dança com o trovão
e cavalga o tempo que se desfaz em poeira.
É senhora da sexualidade e guardiã dos mortos,
aquela que os conduz ao outro mundo, sem hesitar nem chorar.
Do sexo que produz o corpo novo para a vida nova;
da condição do morto cujo corpo já não importa,
só o renascimento trará a redenção.
Aceita como oferendas cabra, galinha e acarajé.
Recusa ovelha, cágado e abóbora.
Suas cores são o vermelho, o marrom e o branco.
Seu emblema é o *eruquerê*, espanta-mosca
de rabo de cavalo, símbolo de realeza.
É orixá corajosa, independente, sedutora,
espalhafatosa como um relâmpago que corta a noite.
Suas filhas e seus filhos vivem entre a tempestade
e o fascínio, amam a liberdade e não se curvam ao medo.
Para saudar Iansã, use a expressão: *Eparrei!*

1

Antes que o mundo conhecesse o trovão, o raio já dançava com Iansã. Antes que os deuses descobrissem o medo, ela já o atravessava com riso e espada. Iansã é o orixá do movimento veloz, da liberdade inegociável, da paixão que não espera e da morte que se converte em rito.

Presente no vento, moldada pelo fogo, sua força não é de contenção, mas de expansão. Onde passa, leva folhas, véus, palavras, amores, certezas. Iansã é o vendaval que rompe o que está estagnado. É a tempestade que obriga o mundo a recomeçar.

Iansã não aceita ser aprisionada. É o orixá que se levanta antes do dia e se retira antes que alguém a segure. Ama intensamente, mas nunca de joelhos.

Foi ela quem ousou entrar no mundo dos mortos. Quando os eguns, os espíritos dos mortos, se ergueram do chão, Iansã não recuou. Dançou com eles. Soprando o vento que levanta véus e assombra certezas, conduziu os espíritos com o mesmo axé com que conduz seus amantes. Ela é dona do mundo dos mortos, porque nenhum outro orixá teve coragem de atravessar aquele portal. Ela foi, viu e voltou, trazendo consigo o domínio dos espíritos.

Iansã também controla os ventos da guerra e os furacões da paixão. Viveu com Ogum, que lhe ofereceu a espada. Mas foi com Xangô que incendiou os céus. Dizem que ela era a única que suportava o calor do fogo do trovão. Quando ele rugia, ela dançava. Era sua parceira, sua cúmplice, sua tempestade gêmea.

Iansã também é rio. O rio Níger, que em suas corredeiras leva o nome de Oiá, como Iansã também é chamada. Mas ela é o rio veloz, revolto e destemido. Ali onde o Níger é Oiá, é preciso cruzá-lo com cautela, sabendo que a escolha é da água que se enfurece, nunca do humano.

Iansã é a mulher que escolhe. Que deseja. Que lidera. Que se impacienta com a espera. Ela não aceita o tempo lento das convenções. Vive no tempo exato do agora. Não precisa que a aprovem. Não precisa que a expliquem. É orixá do sim imediato e do não irrevogável.

Carrega a espada e o espanta-moscas feito com rabo de cavalo, símbolo de realeza. Comanda os eguns e o vento. Anda com os raios e com a morte. Mas é na vida que sua força pulsa. Iansã não se apega ao que passou. Está sempre soprando na direção do que vem.

Na cabeça dos humanos, é o pensamento que rompe a repetição. No coração, é o arrebatamento que exige liberdade. No corpo, é o gesto que não hesita. Os olhos humanos veem em Oiá-Iansã a mulher bonita que ela é, exímia dançarina, que nas casas de santo levanta a plateia com gritos, vivas e júbilo. Sua dança solo é aguardada com impaciência pelos que já a viram se exibir ao menos uma vez.

Quem a chama deve saber: Iansã não se retém. Não é orixá de permanência, é de passagem. E sua passagem muda tudo.

2

Iansã foi mulher de Ogum. Foi ele quem lhe deu a espada, quem viu nela a guerreira que ninguém queria ver. Ogum lhe ensinou o manejo do ferro, e ela o ensinou a olhar para o desejo sem medo. Lutaram lado a lado, mas o amor de Iansã não foi feito para durar na linha reta do ferro. Seu fogo precisava do trovão.

Quando conheceu Xangô, Iansã reconheceu a centelha. A paixão entre eles não cabia nas casas dos orixás. Era mais barulho que palavra, mais relâmpago que gesto. Com Xangô, Iansã aprendeu a ser raio. E Xangô, ao lado dela, descobriu que até o trovão precisa de vento para se espalhar.

Foram amantes, cúmplices, companheiros de guerra e de cama. Entre eles, não havia submissão nem hierarquia: havia combustão. Ela não era sombra de Xangô, mas sua extensão elétrica. E, por isso, as outras mulheres do rei a temiam e respeitavam.

Com as outras esposas de Xangô, Iansã nunca se submeteu a brigas e competições. Ela não competia, não mendigava afeto. Era o próprio desejo tornado força. Quando partia, ninguém a impedia. Quando voltava, era recebida como se nunca tivesse ido embora. Ela era muitas em uma só: esposa, guerreira, amante, ventania, raio.

Seu corpo é dança. Sua fala, relâmpago. Sua presença, impulso. E sua ausência, vácuo. Quando Iansã some, o ar pesa. Quando chega, o mundo gira.

Com Oxum, a convivência era frágil. A doçura de uma feria a impaciência da outra. Oxum encantava com a placidez das águas calmas. Iansã explodia com o som do raio rompendo o céu. Não eram rivais, tampouco cúmplices. Sabiam que eram de reinos diferentes.

Com Obá, a relação era de irmandade interrompida. Ambas guerreiras, ambas apaixonadas por Xangô, ambas feridas, mas feridas de modo oposto. Obá cortou a própria carne por amor. Iansã cortou o laço. Quando Obá se recolheu, Iansã partiu. Nenhuma ficou. Mas Iansã levou a tempestade com ela, com o raio se fundiu.

Com Exu, Iansã mantinha uma relação de provocação e respeito. Ele abria os caminhos; ela os percorria com pressa. Exu gostava do jeito dela de não parar para pensar. Ela ria das artimanhas dele, e sabia que sem ele não chegaria a lugar algum. Entre Iansã e Exu há sempre uma faísca de cumplicidade, porque os dois conhecem o caos de perto.

Com Omulu, Iansã fez o gesto que nenhum outro orixá ousou. Quando viu o orixá coberto de palha ser zombado pelos outros, ela se aproximou. Dançou com ele. Descobriu sua beleza por debaixo das feridas. Foi a primeira a vê-lo por inteiro. E Omulu a amou com gratidão. Mas ela não ficou. Porque Iansã não pertence ou permanece. Ela passa, deixa, transforma e segue.

Sua relação com Oxóssi é tênue e mal lembrada, mesmo que o casal fosse firmado na beleza esguia dos dois. Tão diferentes, contudo, em matéria de presença e temperança.

Entre os humanos, Iansã é temida e adorada. É o orixá das mulheres que não se calam, não se dobram, não esperam. É aquela que dança sem pedir licença, ama sem se submeter e corta o que a prende com a espada que Ogum lhe deu.

Num mundo que vai aos poucos descobrindo a infinidade de gêneros existentes na humanidade que não cabem na classificação dual do sexo ao nascer — escondidos, mas nunca apagados —, Iansã reina. Estamos aí nos domínios humanos e divinos das ventanias e tempestades, da contestação que afirma, da velocidade que se faz por pressa de chegar. São momentos inequívocos de retorno a uma era primordial em que a cultura dos orixás não fazia distinção entre gêneros, juntando o ser humano, numa única respiração, com o vento, com Iansã, com Oiá.

Na cabeça dos filhos de Iansã sopra um vento que os impede de ficar parados. São impacientes com a mentira, apressados no afeto, destemidos diante da morte. Às vezes sofrem por serem incompreendidos. Mas não conseguem ser de outro jeito. Porque Iansã sopra neles o desejo de viver tudo com intensidade e liberdade.

O vento, sim, a tempestade, igualmente. Tudo nasceu do sopro de Iansã, e foi deles que Iansã se fez. Quem veio antes, o mundo ou os deuses? Ninguém sabe. Pois antes do vento, Oxaguiã, o guerreiro que se veste de branco e come inhame pilado, se apaixonou por Iansã e a levou consigo. Ela vivia com Ogum e em sua casa passava as horas soprando a forja do companheiro, que, rei e ferreiro, fabricava as armas para todas as guerras. Sem Iansã e seu sopro, a forja de Ogum esfriou e o fabrico das armas cessou. No tempo da guerra, Oxaguiã precisava de armas, e de sua casa Iansã passou a soprar a forja de Ogum. Por causa da distância entre as casas, o sopro cruzava os céus e foi daí que nasceu o vento, e o vento gerou a tempestade, e a eles Iansã juntou o raio. O mundo, então, ganhava novas formas de respiro.

Tudo no culto de Iansã é movimento, a dança em espiral, as roupas que giram e faíscam. Não há terreiro aonde Iansã chegue sem que os corpos se levantem, sem que o ar mude, sem que a música ganhe outro ritmo. Ela não pede: toma. Mas devolve com axé.

Iansã é a companheira dos que não suportam ser aprisionados. A guardiã dos que atravessam tempestades. A senhora dos que gritam, dos que dançam, dos que ousam. Não protege os que hesitam, mas os que decidem.

E quando a vida vira caos, quando o desejo vira desordem, quando a morte sopra seu hálito frio, é Iansã quem aparece. Abrindo os braços, girando no vento, conduzindo o que deve partir e o que deve ficar.

3

Iansã é o princípio do deslocamento. Não apenas o físico, mas o deslocamento do que se achava certo, do que se julgava firme, do que se acreditava eterno. Por onde passa, nada permanece como antes. E isso não é destruição, é revelação.

Ela nos ensina que mudar é necessário. Que romper é sagrado. Que partir pode ser o gesto mais amoroso que alguém é capaz de oferecer a si mesmo. Porque ficar onde se sofre, onde se apaga, onde se cala, isso, sim, é morte lenta. Iansã não aceita esse tipo de morte. Ela sopra, gira, levanta a poeira e chama para a vida.

É o orixá da mulher que sai de casa sem olhar para trás. Do homem que abandona o que o sufoca. Do corpo que dança para lembrar que está vivo. Iansã é o sim dito com coragem. E o não que vem como raio.

Ela mostra que a beleza pode ser veloz. Que a força pode ser leve. Que a paixão não precisa se desculpar. Que ser inteiro é mais importante do que ser aceito. Não espera que gostem dela. Não exige que a entendam. Mas transforma quem a encontra.

Seu fundamento está no giro. No ato de deixar cair o que já não serve. Na travessia entre um mundo e outro,

Iansã rege os mortos não porque cultua o fim, mas porque conhece o que está além, o que vem depois da morte: a vida ressurrecta. Tudo nasce de novo; isso ela sabe e por isso age como age.

Ela é orixá da paixão, sim, mas também da decisão. Ama com fogo e vai embora com vento. Não pede desculpas por mudar de ideia. Nem por mudar de direção. Iansã ensina que a liberdade não se negocia. E que a fidelidade maior deve ser consigo mesma.

Em cada pessoa que se veste de si com orgulho, que assume seu desejo sem culpa, que grita quando tentam silenciar, ali sopra Iansã. Em cada corpo que se move, em cada alma que gira, em cada lágrima que seca na ventania, ali passa Oiá.

Seu axé é o da transgressão que cura. Da ruptura que salva. Da escolha que abre um novo tempo. Iansã não espera o mundo melhorar para agir. Ela age, e o mundo a acompanha.

Por isso, quem a chama deve estar pronto para mudar. Pronto para se despedir. Pronto para dançar com os ventos e com os mortos, se for preciso. Porque Iansã não conserta o que está estagnado, ela reinaugura o mundo com cada passo seu.

Iansã se despede como veio: girando e sorrindo no raio. Pronta para seguir, sem olhar para trás.

Oxum

Oxum é o orixá das águas doces, do ouro, da beleza
e do amor. Corre nos rios, escorre nas cachoeiras
e adorna os lagos com o brilho do ouro.
Senhora da fertilidade feminina e dos encantos
da sedução, comanda o desejo, a vaidade e a riqueza,
dons que distribui com generosidade ou retém com ciúme.
Aceita como oferendas cabra, galinha,
pomba e feijão-fradinho com ovos cozidos.
Recusa ovelha, peixe de pele e quiabo.
Seu emblema é o *abebé*, abano rico e espelhado
com que mostra a face das outras como quem diz
que não há mulher mais bela que Oxum.
Suas cores são o amarelo e o dourado, reflexos do ouro
que reluz em sua pele e de sua condição de rainha.
É vaidosa, amorosa e sedutora, e também exigente e,
por vezes, gananciosa. Suas filhas e seus filhos sabem
o valor do afeto e o poder do corpo que dança.
Louve Oxum com: *Ora Ieiê Ô!*

1

Antes que houvesse amor no mundo, já havia Oxum. Antes que os deuses aprendessem a cuidar, ela já derramava água sobre a terra seca. Oxum não nasceu para a guerra, mas ninguém a venceu. Sua espada mata, sim, quando é preciso ir à guerra. Não nasceu para mandar, mas todos a seguem. É a força que se mascara de doçura. O veneno escondido no perfume.

Oxum é dona das águas doces, dos rios que serpenteiam na terra, dos lagos e das cachoeiras. E do ouro que reluz no fundo do pensamento. Mas não se deixe enganar: sua doçura é escolha, não submissão. Sua beleza é arma, não adorno.

Quando os orixás tentaram completar a criação do mundo sem ela, o universo estancou. O que os homens constroem com ferro e fogo, Oxum dissolve com uma lágrima. O que os deuses julgam com justiça e trovão, ela corrige com uma curva de rio.

Oxum conhece os encantos e os usa. Não por vaidade. Ela seduz para proteger. Encanta para conduzir. Doura a realidade para que seja suportável. É ela quem ensina que há mais poder no toque do que no grito. Que há mais força na espera do que na imposição.

Amou Xangô, e Ogum a desejou. Com Exu, duelou em astúcia. Com Iansã, mediu a feminilidade. Com Obá, revelou o ciúme. Oxum não precisa de armas: basta um olhar. A cada gesto, ela oferece uma escolha: ceder ao encantamento ou resistir e se perder.

Mas Oxum também sofre. Quando lhe negam o lugar, ela se recolhe. E o mundo sente. O rio baixa. As folhas secam. O amor escurece. Porque onde Oxum não passa, o axé definha. Ela não implora. Tampouco perdoa com facilidade.

Diante do perigo que ronda a humanidade, Oxum não se amedronta. Quando os humanos desprezaram os orixás, Olorum prendeu a chuva no Orum e a terra secou. Foi então que a morte fez sua maior colheita, em todos os sentidos. Os humanos se arrependeram e voltaram a amar de novo os deuses. Todos e todas que tentaram alcançar a casa de Olorum com a boa nova não chegaram lá, a distância os matou. Oxum disse: "Eu vou e trarei a chuva de volta". Ela se transformou num imponente pavão, que voou por tempos sem fim. Perdeu no voo toda a beleza e chegou ao destino estraçalhada, asas queimadas, patas ensanguentadas, bico entortado e agressivo, de tal jeito que mais se assemelhava a um velho urubu colhido pelo fogo do sol. Olorum sentiu pena da criatura, ouviu sua mensagem e lhe entregou a chuva para que a devolvesse à humanidade. Oxum nunca se sentiu tão feliz e jamais se viu tão bela.

Oxum é mãe. É ela quem protege os recém-nascidos, quem guarda os úteros, quem embala os desejos mais secretos. Sua maternidade não é passiva. É a mãe que exige oferenda, que cobra promessa, que retira a bênção se for esquecida.

Seu culto é feito de joias, leques, águas claras, seixos polidos. Ela gosta do belo, mas não por futilidade: o belo é sua forma de dizer o sagrado. O feio, para Oxum, é o que fere sem necessidade, o que machuca sem razão.

Quem a invoca precisa olhar para si mesmo antes. Oxum é o espelho, e quem não suporta se ver não deve se aproximar. Ela mostra, com suavidade ou dor, aquilo que está escondido. E cobra verdade. Porque não há mentira que flutue sobre suas águas. Ela afunda. Some.

Oxum é o orixá do amor. Do amor inteiro. Que acolhe, mas também exige. Que acalma, mas também transforma. Que encanta, mas também cobra. Amar Oxum é um risco. Não por ela ser perigosa, mas por fazer com que você enxergue tudo que há de mais profundo em si.

2

Oxum são muitas, e nenhuma se repete. É esposa, amante, mãe, feiticeira, senhora de si. Entre os orixás, poucos se arriscam a dizer que a conhecem de verdade. Cada vez que tentam defini-la, ela escorre por entre os dedos. Como água.

Com Xangô, viveu um amor de brilho e vaidade. Ele, senhor do trovão, encantou-se por sua beleza, sua fala doce, por seu corpo de rio. Oxum era a única capaz de acalmar Xangô com um banho de folhas, com um gesto delicado, com um prato de amalá servido com atenção. Mas também era ela quem o desafiava com o espelho, mostrando-lhe o poder que não grita. Com ela, Xangô aprendeu que nem todo domínio se faz com estrondo.

Com Ogum, a relação foi mais violenta. Ogum a desejou, mas não com carinho. Tentou possuí-la à força e foi vencido pela vergonha quando Oxum expôs seu gesto para os outros orixás. Ela não gritou. Apenas saiu, deixando que todos vissem o que havia se passado. Ogum foi humilhado e aprendeu que nem mesmo o ferro corta a vontade de Oxum.

Com Exu, duelou em sabedoria. Ele, senhor da palavra atravessada; ela, dos passos reveladores. Exu tentou roubar seus perfumes, seus abebés, seus objetos de encanto, mas Oxum recuperou tudo com um feitiço mais antigo que o tempo. Entre eles, não há submissão nem inimizade. Há jogo. Astúcia. Admiração velada. E uma fronteira que nenhum dos dois atravessa sem perder nada.

Com Obá, a história é trágica. Oxum, ao perceber o amor cego da companheira por Xangô, a fez cair numa armadilha. Disse-lhe que Xangô adorava mulheres que lhe serviam pratos com parte do próprio corpo. Obá acreditou e cortou a própria orelha. Oxum riu. E depois chorou. Não porque fosse má, mas porque sabia que Obá perdera o que jamais recuperaria: a dignidade diante de si mesma. Desde então, não se falam. Mas se reconhecem.

Com Iansã, a convivência foi de tensão e respeito. Duas potências femininas, cada uma à sua maneira. Oxum seduz com lentidão. Iansã, com furor. Uma dissolve. A outra arranca. Não se enfrentam, sabem que uma não pode vencer a outra. Mas se evitam — nunca se esquecem que, somadas, poderiam virar tempestade demais para o mundo suportar.

Com Oxóssi, viveu uma união de encantamento, e também de engano: por amor, é verdade. Ele, senhor da floresta e da precisão. Ela, senhora do rio e da sedução. Casaram-se por um tempo. Depois, deixaram-se ir sem mágoa. Oxóssi descobriu que a companheira era uma mulher do rio que, para conquistá-lo, se disfarçara em mulher da mata. De todo modo, o romance teria fim, porque Oxum não prende ninguém, e não permite que a prendam.

Com Omulu, a relação é de contraste. Ele, coberto de palha, guarda a dor e a doença. Ela, vestida de ouro, espalha brilho e promessa. Mas ambos sabem o que é ser mal compreendido. Ambos guardam segredos que ninguém quer ouvir. E é nesse ponto que se encontram: na margem da aceitação.

Com Oxalá, há reverência. O velho pai da criação reconhece em Oxum a força de dar forma ao que ele concebe. Oxalá desenha, Oxum nutre. Sem ela, nada floresce. Com ela, até o impossível desabrocha.

O velho pai Oxalá vivia numa casa abarrotada de presentes, uns que ele amava, os de cor branca e os feitos de prata, e outros que mal suportava, os de cores fortes e os feitos de ouro. Oxum queria o ouro e tanto infernizou a vida do velho criador que, para ser deixado em paz, deu todo o ouro a ela. Oxum ficou rica, a mais rica. Podia se enfeitar com ouro da cabeça aos pés, linda de morrer. E conseguiu mais: ninguém é tão desejada como Oxum. Beleza e riqueza — não são a mesma coisa?

Entre os humanos, Oxum é a senhora do amor e da fertilidade. Mas não é uma deusa romântica. É exigente. Quer oferendas bonitas, palavras verdadeiras, intenções puras. Protege crianças, gestantes, amantes sinceros, mas também cobra. Quem promete e não cumpre sente seu rio secar.

Nas casas de axé, sua presença é festa e introspecção. Suas filhas dançam com leques, espelhos, requebros malemolentes e a cabeça firme. Sejam do gênero que forem, são sensíveis à beleza, atentos ao detalhe, rápidos na leitura dos afetos. E também sabem ferir. Quando traídos, não gritam, afogam. Quando magoados, não esquecem, transbordam.

Oxum não aceita amores pela metade. Ou é inteira, ou se retira. Quem não souber cuidar, perde. E quando ela vai embora, leva consigo o axé do coração. Quem a ama com verdade, contudo, encontra nela uma fonte infinita.

Oxum ama porque ama o amor. É o orixá que nos lembra de cuidar do que é belo. Do que é suave. Do que é fecundo. Mas também de atentar ao que é perigoso. Porque o rio pode nos banhar e divertir, ou nos arrastar às profundezas e nos afogar.

3

Oxum é o fundamento do amor como força, não como concessão. É o orixá que ensina que carinho não é fraqueza, que beleza não é futilidade, que a doçura pode esconder uma exigência profunda. Ela é a rainha das águas doces, mas nenhuma água é mansa o tempo todo.

Oxum nos mostra que o encantamento é uma arte sagrada. Que saber atrair é saber ouvir. Que dar é também escolher o que não dar. Que o toque, o olhar, o gesto carinhoso, tudo pode ser oferenda, e tudo pode ser recusa.

Ela exige beleza não por vaidade, mas porque sabe que o mundo fere. E que, para continuar, é preciso inventar delicadezas. Seu ouro é proteção. Seu perfume, escudo. Seus búzios, oráculo. Oxum nos ensina que o cuidado com a forma é também cuidado com a alma.

Mas é perigosa. Porque, onde toca, Oxum revela algo. E nem todos estão prontos para ver a si mesmos. Ela mostra o que está guardado no fundo: o desejo, o medo, a ambição disfarçada de afeto. Oxum não suporta o engodo. E quando sente falsidade, afasta-se.

Ela é mãe, não a que diz sim para tudo. É a que acolhe e também exclui. Que ama e desaprova. Que sustenta e cobra o que foi prometido. Oxum é a deusa que protege, mas que também exige respeito à própria dignidade.

Por isso, é o orixá dos que buscam o amor, mas sobretudo dos que aprendem a amar a si mesmos. Dos que se veem e não querem mais se trair. Dos que choram por atenção, mas se erguem e recomeçam. Dos que sabem que beleza sem verdade é máscara, e que verdade sem beleza pode ser crueldade.

Oxum não ensina a submissão. Ensina o poder da escolha. O poder de se fazer desejada sem se vender. De se fazer presente sem se perder. De ser doce sem ser fraca. De ser forte sem ser dura.

Seu axé é o da fertilidade, mas não apenas do ventre. É o axé da criação sensível. Da arte, da palavra certa, do gesto refinado. É o axé que transforma a aspereza do mundo em algo suportável.

Oxum é o orixá que nos lembra de que viver exige encantamento. Que amar exige coragem. Que ser inteiro exige entrega, mas nunca submissão.

Ela é o rio onde o mundo se lava. Mas também o rio onde os corpos somem quando o atravessam sem licença.

Logum Edé

Logum Edé, orixá caçador e pescador,
alterna entre os gêneros masculino e feminino.
Atualmente, é protetor da diversidade de
gênero, sendo notório por sua versatilidade,
charme e independência, características que
divide com seus filhos e filhas espirituais.
Habita a margem dos rios e a beira das matas.
Filho de Oxum e Oxóssi, quando
este se faz presente no caçador Erinlé.
Logum Edé une a leveza da água ao mistério da
floresta. Caça e pesca com a graça de quem nasceu
para seduzir: é metade guerreiro, metade pescador,
e às vezes um, às vezes outra.
Espelho da duplicidade, brilha com o fulgor
dourado de sua juventude mutante.
Aceita como oferendas casais de caprinos
e de aves, milho e feijão-fradinho. Recusa
os alimentos interditos a Oxum e a Oxóssi.
Suas cores são o amarelo e o dourado.
Seus emblemas são o *ofá* e o *abebé*, ambos dourados.
É orixá de personalidade inconstante, jovial e sedutora,
que cativa todos os gêneros com sua beleza ambígua.
Seus filhos vivem entre dois mundos, entre dois
desejos, entre dois caminhos, e neles dançam.
Saúde Logum Edé com a expressão: *Lôssi Lôssi!*

1

Logum Edé está no ponto em que o dia começa a virar noite, e a noite a virar dia. No lugar onde o rio toca a mata, onde o masculino dá o passo em direção ao feminino (e vice-versa), onde as asas vibrantes da libélula se equilibram entre o ar e a água. Ali habita esse orixá que nunca se fixa por completo.

Filho de Oxóssi com Oxum, Logum Edé carrega em si o segredo da junção. Caçador e encantado, guerreiro e encantador, metade do tempo na floresta, metade no rio. Por seis meses vive com o pai, caçando com flechas certeiras. Nos outros seis, mergulha no reino de Oxum, aprendendo a pescar e a seduzir com a maciez da água.

Logum Edé é o orixá da transição. Não é fixo nem volátil. É o momento em que o gesto ainda não aconteceu, mas já começou a nascer. Sua força está em não precisar escolher. Enquanto os outros orixás têm domínio sobre um elemento, Logum Edé atravessa dois mundos sem ser capturado por nenhum.

Sua beleza não é apenas aparência, é estratégia. Encanta porque precisa se proteger. Brilha porque sabe que o escuro vem. Logum Edé é o ouro em movimento, a folha que se recusa a cair, a luz que hesita antes de se apagar.

O tempo não o prende. A identidade não o limita. A forma não o define. Ele transita. Escolhe o que ser em cada momento. Mais por liberdade que por indecisão. Logum Edé nos lembra que ser mais de uma coisa é uma força, não uma falha.

Seu corpo se revela entre gêneros, entre reinos, entre funções. Ele é a caçada e a oferenda. A lança e o remédio. O salto e a espera. Seus inimigos não o veem chegar, e seus aliados não o veem partir.

Por isso, é o orixá do segredo. Mas não do segredo fechado, e sim do segredo que se move. Que revela uma parte e guarda outra. Que se mostra sem nunca se entregar por inteiro.

Logum Edé é aquele que habita o ponto de virada. Que não teme a mudança, porque é a própria mudança. Que conhece a rigidez dos extremos, mas escolhe o fluxo. Seu axé é a flexibilidade, a invenção, a leveza que contorna sem quebrar.

Quem o chama deve saber: ele vem se quiser. E quando vem, não é para permanecer, mas para ensinar a beleza de estar entre. Entre escolhas, entre caminhos, entre mundos.

2

Logum Edé nasceu do encontro entre Oxum e o caçador Oxóssi, na ocasião chamado Erinlé. Nasceu da união da caçada com o encantamento. Da precisão do arco e do brilho do espelho. Mas não se contentou em repetir os caminhos dos pais, preferiu criar o seu. Dividiu o ano em dois: metade com o pai na mata, aprendendo o silêncio do caçador; metade com a mãe nas águas, ouvindo os segredos do amor.

Com Oxóssi, aprendeu a escutar o mundo antes de agir. A ver antes de ser visto. A mirar com o corpo inteiro. O pai o ensinou a andar com leveza, a esperar o tempo da presa, a respeitar o que vive. Na mata, Logum Edé se torna silêncio armado, como o pai.

Com Oxum, aprendeu o valor do pequeno gesto. O poder do enfeite, a sabedoria do disfarce. Aprendeu a beleza como instrumento, a sensibilidade como força. Nas águas, Logum Edé se dissolve e renasce.

Mas Logum Edé não é só filho. É também presença autônoma, orixá completo. E entre os orixás, é aquele que escapa das classificações. Exu o reconhece como irmão de encruzilhada, mas o trata com reverência. Não ousa pregar-lhe peças, porque sabe que Logum Edé já conhece todas.

Com Oxumarê, há um parentesco de alma. Ambos transitam entre polos. Ambos curvam o tempo em vez de se curvar a ele. Mas Logum Edé é mais discreto. Enquanto Oxumarê se faz arco no céu, Logum Edé se esconde na penumbra da margem.

Com os Ibejis, compartilha o mistério da juventude eterna. A alegria que mascara a sabedoria. O riso que confunde o adulto. Mas os Ibejis são brincadeira. Logum Edé, enigma.

Entre os humanos, Logum Edé é difícil de identificar, e talvez por isso, ainda mais necessário. É o orixá dos que não se encaixam. Dos que são chamados de inconstantes, de estranhos, de ambíguos. Mas que carregam em si um equilíbrio profundo, que não se vê à primeira vista.

Logum Edé protege os que vivem entre mundos: o artista que flutua entre sonho e matéria, a criança que ainda não escolheu quem vai ser, o adulto que se recusa a perder a graça. Protege os que transitam entre masculino e feminino, entre campo e cidade, entre norma e invenção.

Não exige culto vistoso. Não quer grandiosidade. Quer beleza simples, verdade sem ostentação. Aceita oferendas leves, discretas. Um espelho ao contrário. Um arco desenhado na areia.

No terreiro, é orixá raro. Quando vem, traz frescor, alívio. Como uma sombra no calor do meio-dia. Seus filhos são observadores, perspicazes, belos de um jeito que não se explica. Mudam com a estação, mas não se perdem. Sabem se camuflar.

Logum Edé não se mostra a qualquer um. Mas quem o vê, nunca esquece. Porque ele revela o que há de mais difícil de aceitar: que ninguém precisa escolher entre um lado e outro. Que é possível habitar o meio com beleza, dignidade e força.

3

Logum Edé é o fundamento daquilo que o mundo tenta apagar: a fluidez. A possibilidade de ser mais de uma coisa. De viver entre os polos, entre as margens, entre as certezas dos outros. Ele mostra que a identidade não precisa ser fixa para ser real. Que o caminho do meio não é indecisão, é potência.

Enquanto muitos orixás representam forças definidas, como o ferro, o fogo, a justiça, a tempestade, Logum Edé representa o meio do caminho, o intervalo.

Vivemos num mundo que nos pressiona a definir tudo. A nomear. Classificar. Logum Edé nos convida a habitar o que escapa. A fazer morada no instante em que o gesto ainda não foi completado. A valorizar o processo mais que o rótulo.

Seu fundamento é a travessia. E não uma travessia que leva necessariamente de um ponto a outro. Mas uma travessia que é, em si, suficiente. Ele nos ensina a beleza do trânsito. Do improviso. Do vir a ser.

Logum Edé nos mostra que a beleza não está na simetria, está no deslocamento. Que a sabedoria não está na rigidez, está na flexibilidade. Que o axé não é uma coisa que se impõe, mas algo que se percebe, que se escuta, que se colhe com cuidado.

Ele é o orixá das identidades múltiplas, das sexualidades não normativas, das escolhas que mudam com o tempo, das existências que não cabem no preto e branco. É a afirmação da cor entre o claro e o escuro. Do gesto entre o sim e o não. Do corpo entre o macho e a fêmea. Da vida entre o impulso e a espera.

Logum Edé nos convida a viver com leveza. Não com superficialidade, mas com graça. Com a consciência de que as formas mudam, os papéis se reinventam. De que o importante não é fixar-se, mas mover-se com dignidade.

Ele é o orixá da delicadeza que pensa. Da juventude que observa. Da beleza que escapa. Da sabedoria que não se anuncia com palavras, mas se revela no modo de estar.

Quem caminha com Logum Edé aprende a se proteger sem se endurecer. A se afirmar sem ferir. A viver de forma plena mesmo sem estar num lugar que os outros consigam nomear. Aprende que não precisa escolher entre ser isto ou aquilo, porque já é tudo o que precisa ser.

Logum Edé nos lembra de que não há caminho único. Que cada passo pode ser uma escolha nova. Que cada estação traz um modo diferente de ser. E que viver entre dois mundos pode ser, afinal, a forma mais plena de existência.

Ibejis

Ibejis são os orixás gêmeos que protegem as crianças
e encantam o mundo com sua alegria teimosa.
São meninos e meninas, risonhos e birrentos,
brincalhões e imprevisíveis. Moram onde a infância é livre:
nos quintais barulhentos, nas praças em festa,
nas vozes que cantam e correm sem medo.
Trazem o riso e a confusão, a irreverência e o carinho.
Aceitam oferendas de aves, caruru e doces.
Recusam bebidas alcoólicas.
Vestem todas as cores do arco-íris e se divertem
com brinquedos de todos os tipos.
Exigem, em sua honra, a linguagem do riso e da travessura.
Sua personalidade é feita de alegrias repentinas
e choros escandalosos, teimosia pura, artes inventadas na
hora e uma esperteza que não se ensina, se nasce com ela.
A saudação aos Ibejis se faz com: *Bejiró!*

1

Antes que houvesse sabedoria, houve riso. Antes que os orixás tomassem seus tronos, duas crianças chegaram correndo, de mãos dadas, e bagunçaram tudo. Eram os Ibejis, os gêmeos divinos, os pequenos que ninguém esperava, os irreverentes que escondem o segredo do equilíbrio.

Vieram juntos, mas não são iguais. Um ri, o outro observa. Um corre, o outro se esconde. Um oferece o doce, o outro guarda a isca. Os Ibejis não se deixam entender por completo, porque sabem que o mistério mora na repetição, que nunca é idêntica. Onde está um, está o outro também, mas nunca da mesma forma.

Os Ibejis são os mais novos do panteão, mas isso não os torna menores. Ao contrário. Justamente por serem pequenos, carregam em si o frescor que os deuses antigos já perderam. Onde há rigidez, eles entram com o riso. Onde há silêncio solene, chegam cantando. E onde há medo, principalmente o medo da morte, os Ibejis dançam.

Conta um mito que a Morte viera buscar os habitantes da aldeia dos Ibejis, de seus pais até os mais distantes parentes e vizinhos. Alucinada, ela queria comer a vida de todos, a um só tempo. Mas os meninos, espertos e sorrateiros, prepararam uma armadilha: esconderam-se e tocaram seus tambores mágicos, fazendo barulho, espalhando confusão, bagunçando os sinais do além, sempre com muita música. E o ritmo fez a Morte dançar sem parar. Um tocava, o outro descansava, e a Morte não se dava conta da troca. Ela estava totalmente esgotada, mas não conseguia parar de dançar, não enquanto o tambor não parasse seu ritmo frenético. E, por um instante, se deu por vencida. Os Ibejis, então, ofereceram-lhe um bom descanso, sem ritmo, sem tambor, sem dança. Descansada e temendo ter que dançar de novo, a Morte foi embora e deixou a aldeia em paz. A vida, por um fio, foi prolongada, e a morte viria a cada um no tempo certo. Os Ibejis venceram, não com a espada, mas com a brincadeira. Não com feitiço, mas com esperteza. Os Ibejis enganaram a Morte, porque só quem ainda carrega o riso verdadeiro consegue desmontar o medo mais antigo do mundo.

Esse mito não é apenas uma travessura, é uma lição. Ensina que a astúcia, o humor e a leveza podem ser forças maiores que o poder bruto. Ensina que a Morte, quando desafiada com inocência sagrada, pode hesitar. E que, diante da criatividade, até o destino perde o rumo por um momento.

Por serem o que são, imagina-se que sejam filhos de Oxum, mas dizem que também pertencem a Exu. A doçura de um e a astúcia do outro — traços intercambiáveis — fazem deles uma síntese em miniatura dos opostos do mundo. São delicados como flores e perigosos como a emboscada em noite sem luar. Não se engane: sabem muito mais do que deixam transparecer.

Os Ibejis carregam o tempo novo. O tempo da renovação, da quebra da rotina, da desordem sagrada. Onde reinava o cansaço, eles trazem frescor. Onde a regra se engessou, eles sopram imprevistos.

Nada os prende. Nem o culto formal, nem o olhar desconfiado dos adultos. Eles aparecem quando querem, onde menos se espera. E quando chegam, nada fica igual. São pequenos de corpo, mas enormes na força que movimentam.

São gêmeos, mas não se limitam a ser dois. Ibeji é o princípio da multiplicação. Do que se repete com variação. Do que brota em par, em trio, em roda. São as vozes das crianças que ainda não nasceram. Dos que chegaram e se foram cedo. Dos que ficaram e ainda não foram compreendidos.

Em cada criança que pergunta o que o adulto não sabe responder, há um pouco dos Ibejis. Em cada gesto espontâneo que desmonta uma solenidade, também. Eles nos lembram de que a vida é, antes de tudo, jogo. E que o sagrado pode se manifestar na brincadeira.

Mas são sérios. Seríssimos. Porque carregam as dores do mundo infantil. O abandono, a solidão, a incompreensão. São guardiões das crianças vivas e das que se perderam. São orixás que sorriem, mas também choram por dentro. E por isso merecem respeito.

Os Ibejis não pedem licença. Chegam. Tomam o que é deles. Repartem. Riem. Dançam. E desaparecem. Mas deixam no ar um cheiro de alfazema, um som de tambor tocado com mãos pequenas, e a lembrança de que a vida não precisa ser tão pesada.

Quem os invoca, o faz com brinquedo e comida. Com

cor e canto. E com o coração limpo. Porque os Ibejis não toleram mentira. Não aceitam que se quebrem promessas. E sabem muito bem quando estão sendo usados. E quando estão sendo acolhidos.

São alegria, sim. Alegria que transforma. Que rompe a rigidez. Que ensina pelo riso. E que protege com leveza. São os orixás do futuro e da infância eterna.

2

Entre os orixás, os Ibejis circulam com liberdade. Exu os reconhece como aliados. Não porque sejam seus iguais, mas porque compartilham do mesmo princípio: o da ruptura. Ambos quebram a lógica. Ambos introduzem o imprevisível. Mas enquanto Exu provoca para testar, os Ibejis brincam para renovar.

Com Oxum, há laços profundos. Uns dizem que ela é mãe dos gêmeos, rainha do encantamento. Ensina-os a usar a beleza com sabedoria, a usar o riso como cura. Oxum os embala, mas também os respeita. Sabe que, por trás da travessura, há mistério. E por trás do mistério, há força.

Com Omulu, os Ibejis exercem seu poder mais discreto. Quando a doença ronda, quando o sofrimento se instala, são eles que trazem alívio. Sua presença leve quebra a densidade do silêncio. Seu toque doce ameniza a dor. Os filhos de Omulu, marcados pela exclusão, reencontram nos Ibejis o direito ao riso. E isso, em si, já é cura.

Quanto a Xangô, já se permitiram provocá-lo. Derrubaram seu machado, esconderam seu oxé, fizeram com que perdesse seus atabaques, imitaram sua pose. O rei do trovão se irritou, claro. Mas depois riu. Porque até a justiça precisa ser lembrada de que existe alegria. E Xangô aprendeu: os pequenos também julgam.

Entre os humanos, os Ibejis protegem tanto as crianças como os adultos que guardam uma criança ferida dentro de si. São orixás de renascimento. De recomeço. Acolhem os que perderam o riso. Os que cresceram rápido demais. Os que esqueceram do jogo. Mas nada de enganar os Ibejis. Eles percebem. E quando percebem, viram as costas e desaparecem.

Suas festas são coloridas, barulhentas, vivas. Suas oferendas: doces, brinquedos, flores pequenas, guaraná. Mas a verdadeira oferenda é a espontaneidade. A alegria sem cálculo. O gesto sem segunda intenção.

Os filhos de Ibeji não se deixam definir, vivem disfarçados e não se mostram nem ao oráculo. São os que surpreendem, os que escapam dos rótulos, os que vivem com um pé no mistério. Às vezes parecem imaturos. Às vezes, infantis demais. Quando o mundo desaba, porém, são eles que aparecem com uma solução inesperada. Com uma pergunta desconcertante. Com um sorriso que desmonta o desespero.

Eles são dois, mas representam a pluralidade. São pequenos, mas sustentam uma parte enorme do axé do mundo. E nos ensinam, a cada brincadeira, que o sagrado não precisa ser sério para ser verdadeiro. Que o riso também é oração.

3

Os Ibejis nos ensinam que leveza não é superficialidade. Que o riso pode conter mais verdade que o discurso. Que o jogo pode ser mais transformador que a regra. E que a criança é, muitas vezes, a guardiã do axé mais puro, porque ainda não aprendeu a mentir para agradar o mundo.

Eles são o fundamento da renovação. Tudo que envelheceu em excesso — ideias, relações, tradições — é sacudido pela presença dos gêmeos. Não destroem. Mas reviram. Não desrespeitam. Mas desafiam. Os Ibejis não querem o fim das coisas, querem o recomeço. Por isso, são o orixá da infância e da reinvenção constante.

Eles nos mostram que ser dois é mais que ser par: é ser variação. É olhar para si e descobrir que se pode ser outro. Dividir o corpo com a diferença. Aprender que há mais mundo do que cabia naquele que os adultos nos deram.

E mais ainda: os Ibejis revelam que o inesperado pode ser divino. Que a falha pode conter sabedoria. Que a confusão pode abrir caminho para uma nova ordem. Eles não explicam o mundo, desmontam o que achávamos que sabíamos sobre ele.

É por isso que vencem até mesmo a Morte. Porque não

a enfrentam com armas, mas com surpresa. Não tentam vencê-la no campo dela, mas deslocam o campo. A Morte, acostumada à reverência e ao medo, se atrapalha diante do riso. Diante do imprevisível. Diante do gesto que não pede, mas oferece.

Esse é o axé dos Ibejis: a capacidade de sair do enredo esperado. De quebrar o feitiço do costume. De interromper a marcha pesada das obrigações com uma cambalhota. Eles não trazem soluções prontas. Trazem novas perguntas.

Por isso, são sagrados. Porque sua irreverência é ritual. Sua espontaneidade é fundamento. Sua presença leve sustenta pesos antigos. Os Ibejis são a alma do que ainda está por vir, e a memória do que fomos antes de aprender a obedecer.

Quem caminha com eles aprende a olhar de novo. A rir com o corpo inteiro. A falar o que sente sem pensar em punição. Aprende que brincar não é distração, é forma de conhecer. Que dançar não é perda de tempo, é mergulho no tempo.

E que amar, como eles amam, é gesto sem cálculo. Que proteger, como eles protegem, é gesto que não pede crédito. Que viver, como eles vivem, é confiar na vida, mesmo quando ela parece um jogo difícil.

Os Ibejis são pequenos, mas carregam neles o princípio do mundo.

Nanã

Nanã é o orixá da lama primordial, da água parada
e dos mistérios. Muitos a consideram a senhora
da cerâmica, feita de terra e água, tão importante
na história da humanidade. Habita os pântanos
e rege os processos de criação e decomposição.
É dona da lama que deu a Oxalá para que ele moldasse
o corpo humano, e é à lama que tudo retorna.
Com ela, o ciclo da vida se encerra com dignidade e sabedoria.
Nanã é a mais velha entre os orixás, senhora do tempo
ancestral, da memória e do silêncio pesado.
É considerada mãe de Omulu e Oxumarê.
Aceita como oferendas cabra, capivara, galinha,
rã e mingau. Recusa ovelha e pimenta.
Suas cores são o púrpura, o azul e o branco.
Seu emblema é o *ibiri*, cetro em forma de laço
que agita para marcar presença e impor respeito.
É orixá de sabedoria antiga, introspectiva,
rabugenta e severa, a sabedoria da autoridade.
Seus filhos e suas filhas são respeitosos, pacientes,
e carregam no rosto o peso de saber mais do que dizem.
Saluba! é a saudação a Nanã.

1

Nanã é a mais velha dos orixás. É a guardiã da matéria que precede a forma. Da umidade que gerou o corpo. Foi com a lama dos pântanos de Nanã que Oxalá moldou os primeiros homens e mulheres. Quando essas formas se ergueram, ela soube: aquilo que nasce do chão voltará para ele.

Antes que houvesse terra firme, havia água parada, pântano, lama. Antes que houvesse orixás jovens, dançantes e impetuosos, havia uma presença silenciosa que os observava. Nanã estava ali. Sempre esteve. Nunca teve pressa de ser vista. Porque quem conhece o início e o fim não disputa o meio.

Seu domínio é tanto o nascimento como a decomposição. O retorno. A morte que transforma o corpo e manda embora as almas que o habitam. Nanã é a senhora dos pântanos, das águas paradas, da terra que ainda não se firmou. É a que guarda os ossos e os embala como sementes. A que recebe os corpos mortos não com afobação, mas com compaixão.

Quando os orixás mais jovens se impacientam, ela permanece. Quando os homens se esquecem de onde vieram, ela espera. Nanã não grita. Mas o mundo escuta quando ela se move.

É mãe de Omulu e de Oxumarê. Gerou-os com dor, e com dor os entregou ao mundo. Omulu, marcado por doença e exclusão, foi por ela abandonado. Mas não por desamor. Nanã entregou o filho para que ele sobrevivesse, porque sabia que, com ela, o destino dele seria outro. A culpa a acompanhou. Contudo, ela seguiu. Porque carregar culpas também é seu papel.

Nanã é o orixá da ancestralidade. Do que se guarda. Do que não se diz, mas se transmite. É a que tece os fios invisíveis que ligam os vivos aos mortos. A que conhece os segredos do cemitério e os cochicha com as águas escuras.

Não é temida à toa. Seu axé é perpétuo. Sua força é lenta. Seu toque é frio. Mas há amor ali. Amor que não se distrai. Amor que não se alardeia. Nanã cuida como quem sepulta com cuidado. Como quem embala um corpo velho com o mesmo gesto com que embala um recém-nascido.

Ela não seduz. Não disputa. Não dança com leveza. Mas, quando gira, a terra inteira gira com ela. Seu ibiri, cetro que foge da linha reta, não golpeia, mas afasta, limpa, marca o limite entre o visível e o que não pode mais ser tocado.

Quem a invoca, o faz em tom baixo. Com respeito. Com tempo. Nanã não responde a quem chega apressado. Ela testa a leveza do coração. Sonda a verdade do pedido. E se aceita vir, é porque já sabia que viria. Porque, com ela, tudo tem seu tempo.

Ela é o orixá da compostura. Da dignidade dos ciclos. Da aceitação daquilo que termina. E da fé naquilo que virá depois do fim.

2

Nanã não se impõe, mas está sempre presente. Entre os orixás, é respeitada como se respeita uma árvore antiga, um poço profundo, um segredo de família que atravessa gerações. Sua presença é discreta, mas fundadora. E nenhum destino se cumpre sem que passe por ela.

Quando Oxalá tentou dar forma à humanidade com a terra seca, depois de usar outras matérias-primas, tudo se desfez. Foi preciso recorrer à umidade, à matéria em suspensão, ao barro que gruda e dá peso. Oxalá pediu a lama a Nanã, e ela ofereceu o que tinha, porque aquele que vive neste mundo, para nascer, precisa passar pela viscosidade, pelo útero ancestral da terra.

Nanã não aceita se submeter. Quando Oxalá tentou mantê-la como sua mulher, ela recusou. Preferiu a solidão sagrada ao convívio que a diminuísse. Com ela, não há espaço para o encantamento fútil. Nanã exige respeito antes de qualquer gesto.

Com Exu, mantém uma relação de distância respeitosa. Ele é o mensageiro irreverente; ela, o portal final. Ele abre caminhos; ela os encerra. Entre um e outro, o ciclo da vida se cumpre. E mesmo Exu, que transita sem medo, se curva diante dela, porque sabe que Nanã conhece o tempo, que nem ele consegue controlar.

Com Oxumarê, seu filho, convive com a ambivalência. Ele é o arco que liga céu e terra, a cobra que morde a própria cauda. Nanã o gerou, mas não o reteve. Ela compreendeu que alguns filhos não pertencem ao ventre da mãe, mas ao movimento do mundo.

Com Omulu, a relação é de dor. Nasceu marcado por doenças, coberto de feridas, rejeitado pelos orixás e pela própria mãe. Nanã o abandonou à beira do mar, num gesto que carrega culpa e sacrifício. Mas o fez para salvá-lo. E Nanã jamais deixou de sentir o peso do seu gesto. Ambos carregam cicatrizes que não se dizem em voz alta.

Com Iemanjá, compartilha a maternidade. A mãe das águas levou os filhos que Nanã não pôde criar. Não há disputa entre elas, há acordo tácito. Uma cuida do que corre. A outra, do que se assenta.

Nas casas de axé, seu culto é discreto, mas essencial. Nele, não se usam objetos de metal, como facas e instrumentos musicais como o agogô. Porque Ogum, ao contrário dos demais, se recusou a se inclinar diante dela. Ela nada disse, mas mostrou seu desprezo ao ferreiro proibindo o uso, em seu culto, de todo instrumento que sai da forja.

Entre os humanos, Nanã é invocada em momentos graves. Não para resolver o que é leve, mas para acompanhar o que é irreversível. Ela guarda na terra os mortos, acolhe os ancestrais, vela os que partem. É ela quem espera a alma conduzida até o mundo dos eguns e olha em frente com firme sabedoria e compaixão.

Nanã também protege os vivos. Especialmente os mais

velhos, os mais frágeis, os que já viram muito e agora precisam de calma e cuidados. Protege os que cuidam dos outros. Os que limpam feridas. Os que embalam corpos sem vida. Protege quem sabe que a existência não é feita só de começos.

Não se canta para Nanã como se canta para os orixás mais jovens. Canta-se com respeito, com entonação grave, com saudação contida. Seus filhos dançam devagar, com passos que arrastam a saia sobre a terra. O ibiri, ela leva num abraço, traçando caminhos entre o visível e o invisível.

Seus filhos, nos terreiros, são pessoas de sabedoria silenciosa. Carregam a memória do grupo. Não falam muito, mas, quando falam, todos escutam. Parecem lentos, contudo, sabem exatamente quando agir. São como ela: firmes, contidos, profundos.

Nanã é orixá da velhice, mas também da origem. Do fim, mas também da gestação, da produção da vida, da matéria da carne. Está na morte, mas também na matéria viva. Está no que começa e no que termina. E por isso ninguém passa pela vida sem cruzar com seu olhar.

3

Nanã é o fundamento da lentidão sagrada. Em um mundo ansioso por resultados, ela lembra que algumas verdades só emergem quando tudo o mais já se calou. Que certas curas não vêm pelo corte, mas pela decomposição paciente do que antes parecia imutável.

Ela nos ensina que a vida não nasce da luz, mas da lama. Que antes do corpo limpo, há o barro. Que antes da forma, há o informe. Que a origem está no úmido, no viscoso, no que não se define. O que se despreza como sujo, Nanã consagra como matriz.

Enquanto muitos orixás nos mostram como agir, enfrentar, conquistar, Nanã nos ensina como aceitar. Não uma resignação passiva, mas a sabedoria de compreender o fim. De lidar com o que não tem volta. De cuidar do que já não tem força. De dar dignidade ao que parte.

Ela é passagem, não morte. Não é a dor, mas a companhia silenciosa de quem sabe atravessá-la. Em um tempo que teme o envelhecimento e mascara a finitude, Nanã afiança com firmeza: o que apodrece, fertiliza. O que se desfaz, ensina. O que se cala, guarda.

Seu axé é discreto, não brilha, mas sustenta. É a força

da raiz, não da flor. É o peso que impede a queda, não o enfeite que atrai olhares. Nanã não busca aplauso. Seu poder é anterior à vaidade dos ritos.

Ela acolhe os rejeitados. Os velhos esquecidos. Os corpos doentes. As memórias malditas. Os segredos de família. Tudo que a sociedade empurra para os cantos, Nanã recolhe e transforma em sabedoria. Porque só quem aceita o que foi pode cuidar do que virá.

Seus filhos aprendem desde cedo que nem tudo se resolve. Que nem todo conflito se encerra com um gesto. Que há lutos que duram mais que o esperado e que isso não é fracasso. É profundidade.

Quem caminha com Nanã aprende a desacelerar. A escutar. A respeitar o tempo do outro. Aprende que sabedoria não é o que se diz, mas o que se faz. Que amor não é o que se promete, mas o cuidar do que já está frágil.

Nanã é a memória viva. A dignidade da terra. A compostura do fim. E a fé de que até o fim contém sementes.

Euá

Euá é o orixá das fontes silenciosas e dos segredos
que não se revelam. Vive à beira das águas
que brotam da terra e desaparecem logo adiante,
como os mistérios que ela guarda.
Observa sem ser notada, protege o que é íntimo
e perigoso, carrega à cintura uma cabaça fechada
com tudo que não pode ser dito.
Aceita como oferendas cabra, pata, feijão-preto e ovo.
Recusa galinha e bebidas alcoólicas.
Suas cores são o vermelho e o amarelo, e seu
emblema é o *aracolê*, pequena cabaça que traz amarrada
à cintura e onde esconde seus segredos, e os nossos.
É o orixá marcado pela reserva, pela
desconfiança e pela melancolia contida.
Seus filhos e suas filhas aprendem a ver sem mostrar,
a calar o que sabem e a guardar o que sentem.
O brado *Rirró!* é a salva para Euá.

1

No mistério do mato fechado, quando o ar úmido beija a pele e o olho não distingue o que é névoa do que é corpo, ali está Euá. Invisível à primeira vista, mas presente como o cheiro de folhas molhadas. Ela não se mostra, mas observa tudo. E quando decide aparecer, não é para ser vista, é para revelar o que estava escondido.

Euá é o orixá da visão interior, da luz rarefeita, do segredo que não se desfaz com palavras. Mora nas matas junto aos rios, mas não qualquer rio: habita as águas mais puras, as que nascem da terra e ainda não se misturaram com o mundo. É dona das fontes claras, das poças de água parada onde só se vê quem não tem pressa.

Sua beleza não é exuberante. É etérea. Frágil como um reflexo que desaparece se alguém se move rápido demais. Quem quer ver Euá precisa ficar imóvel por dentro. Precisa se despir do olhar do mundo e vestir os olhos da alma.

Seu corpo é leve, mas sua presença pesa. Porque obriga a ver. A enxergar o que se queria esquecer. A fitar o fundo do espelho quando a superfície já não basta. Ela revela, mas não diz. Mostra, mas não toca. É a que desarma sem violência. Que acalma sem oferecer colo. Que afasta sem erguer a mão.

Quem a chama precisa saber: Euá não vem para agradar. Vem para mostrar. Para abrir os olhos que estavam fechados por comodidade. Para iluminar o que foi deixado na penumbra.

Não se dança Euá com passos largos. Dança-se com contenção. Com recolhimento. Com o corpo levemente curvado, como quem entra num espaço sagrado onde qualquer barulho pode espantar o encanto.

Euá é o orixá da introspecção. Da sensibilidade que ninguém vê. Do saber que não precisa ser dito. Da intuição que não erra. Ela é o instante que antecede a resposta.

E quando passa, ninguém sabe dizer se estava mesmo ali. Mas tudo mudou um pouco.

2

Euá não reina, não disputa, não se impõe. Ela observa. E é nesse observar que tudo se transforma. Entre os orixás, sua presença é discreta, quase ausente, mas ninguém ousa ignorá-la. Porque ela sabe o que os outros tentam esquecer.

Com Omulu, partilha a tarefa mais difícil: acompanhar os mortos. Não os mortos recentes, ainda cheios de lembranças, mas os que já se perderam de si, os esquecidos. Euá caminha com Omulu nas margens do mundo, entre os vivos e os que ainda não partiram por completo. É ela quem os reconhece quando até seus nomes já se apagaram.

Com Nanã, cultiva o segredo. Ambas guardam o que não deve ser dito. Mas enquanto Nanã afunda na lama da origem, Euá se eleva no vapor das águas. Ela é a que vê, mas não conta. Nanã é a que sabe, mas não revela. Juntas, fazem o pacto do silêncio sagrado.

Com Oxumarê, traça linhas invisíveis entre os ciclos. Ele é o arco do céu, o movimento repetido e eterno. Ela, o olhar que compreende que tudo que volta traz também uma mudança. Enquanto Oxumarê liga os pontos, Euá percebe o que há entre eles.

Com Oxum, há parentesco de alma. Ambas conhecem

o valor do gesto sutil. Mas Oxum seduz e Euá recua. Oxum atrai e Euá se esconde. Se Oxum é o ouro do rio, Euá é o brilho da pedra clara no fundo da água.

Dizem que Euá ajuda Omulu a conduzir os mortos. Mas não deve ser confundida com Nanã, que os acolhe, nem com Iansã, que os empurra ao outro mundo, o mundo da espera, que precede o renascimento. Euá apenas os enxerga. E os reconhece. Ela é o olhar que encontra o que já não quer ser visto. Que devolve identidade ao que foi apagado, apagado numa vida para renascer em outra.

Na companhia de Oxumarê, traça curvas no céu. Com Oxum, compartilha a doçura. Com Nanã, o segredo. Mas seu mistério é só dela. Não se entrega. Não se explica. Euá não se define, insinua.

Com Ifá, viveu uma história que a marcou para sempre. Ifá, o senhor do oráculo, que só não conhece o próprio destino, nunca se esqueceu de que deve a vida a Euá, que o livrou das garras da Morte escondendo-o sob suas saias, quando ele foi procurado pela comedora de vidas. Por Ifá, ela mentiu à Morte. Sentiu medo, mas sabia que ali, ao lado da fonte que lhe dava forma ao corpo, era a única coisa certa a fazer. No âmbito dos tabus rituais, Euá pagou caro por essa mentira que livrou Ifá. Foi proibida de comer uma ave que serve de alimento para quase todos os seus irmãos e irmãs orixás, assim como para a maior parte da humanidade que come carne. Ela aceitou. Por uma existência que valeu a pena defender. Nas casas de axé, os babalorixás, ialorixás e axoguns aprendem essa proibição para não ofender a ordem do universo.

Com Iemanjá, compartilha a maternidade, mas não a

fecundidade física. Euá é mãe de intuições. De visões. De lampejos que não se explicam.

Entre os humanos, Euá não aparece com frequência. Não se manifesta em grandes festas, nem em danças expansivas. Vem em sonho, em pressentimento, em leve desconforto diante de uma mentira, mesmo que um dia ela também tenha mentido. Quem, entre os humanos, mente numa situação-limite sabe a quem recorrer em busca de compreensão. Ela não aponta os erros de ninguém, mas faz com que o gesto errado seja lembrado por quem o praticou.

Seus filhos são raros. E muitas vezes incompreendidos. Têm um tipo de sensibilidade que parece desinteresse. Uma leveza que esconde profundezas. São os que percebem o que não foi dito. Os que sabem quando é hora de se afastar. Os que não suportam ambientes carregados, porque absorvem tudo.

No terreiro, Euá dança como quem pede licença ao chão. Não salta, não gira rápido. Seus passos são leves, mas firmes. Seu corpo não ocupa o espaço, sonda-o. Ela dança como quem flutua sobre a água sem deixar pegadas.

Quem a invoca precisa se reconhecer por dentro. Tem que estar disposto a ver o que precisa, o que suas lembranças vão mostrar. Porque Euá não conta segredos, não é de palavras, de contar histórias. Deixa ver aquele que pede sua ajuda para ter olhos que enxerguem lá onde alguma coisa foi escondida, guardada até de si mesmo.

Porque ela sabe de tudo, mas não faz concorrência com Ifá, capaz de tudo revelar. Ela sabe, mas guarda para si. Carrega consigo. Quem a vê nota uma pequena cabaça presa à sua cintura. É ali que está tudo guardado. Ninguém se lembra de Euá um dia ter aberto sua cabaça de segredos, para quem quer que fosse. Se quiser saber de seus segredos escondidos até mesmo de você, peça a Euá para clarear sua memória, e suas lembranças é que falarão, não Euá.

Ela é orixá de proteção. Protege quem se revela. Ampara quem se mostra. Mas cobra clareza. Com Euá, ou somos inteiros, ou desaparecemos.

Na vida dos humanos, sua força se manifesta nos momentos de intuição clara, de percepção súbita, de certezas que não se sabe de onde vêm. É ela quem sussurra: "Você já sabia". E quando se vai, não deixa marcas. Mas algo ficou diferente. Algo foi lembrado, mesmo o que estava supostamente esquecido para sempre. E não poderá mais, para aquele que se lembrou, ser negado.

3

Euá é delicadeza firme. Visão que não invade, mas ilumina. Presença que não ocupa, mas revela. Ela nos ensina que há força na transparência, verdade naquilo que não precisa se afirmar para ser.

Num mundo ruidoso, ela é a pausa. Num tempo saturado de verdades gritadas, ela é a revelação que vem mansa, mas muda tudo. Euá nos mostra que enxergar é mais do que ver. É perceber. É acolher o que não se mostra. É respeitar o que se esconde. Porque há coisas que só florescem na sombra.

Ela não fala alto. Não se apressa. Não disputa espaço. Sua presença, contudo, impõe escuta. Com Euá, aprendemos que não se trata de olhar para fora, mas para dentro. Que nem tudo que reluz é ouro, e nem tudo que se cala é que não tem o que dizer.

Seu fundamento está na visão interior. Na intuição que não se pode provar, mas que guia com precisão. Na sabedoria que não precisa de livro nem de argumento. É o saber que brota do corpo, da água parada, do sonho que não se entende, mas que deixa marcas.

Euá é o orixá daqueles que sentem demais, e, por isso, se

recolhem. Daqueles que se afastam não por desamor, mas por proteção. Dos que enxergam além da aparência e nem sempre sabem o que fazer com isso. Ela ensina a respeitar os limites do outro. A não invadir com palavras o que só pode ser compreendido com tempo e ternura.

Ela é também o orixá do não dito. Do que ficou suspenso. Daquilo que os ancestrais não contaram, mas deixaram nos gestos, nas pausas, na introspecção das orações, na honestidade das oferendas. É a guardiã do segredo que não vira segredo por imposição, mas por sabedoria.

Com Euá aprendemos que há beleza na leveza. Que há cura na discrição. Que há verdade no olhar que não julga. Ela nos oferece o dom raro da percepção sutil e cobra, em troca, honestidade com o próprio sentir.

Quem caminha com Euá deve aprender a ser leve sem ser medíocre. Firme sem ser agressivo. Invisível sem ser ausente. Os que protegem a intimidade como território sagrado. Os que sabem que ver o outro, de verdade, é um ato de profundo respeito.

Euá não nos ensina a vencer, mas a compreender. Não nos leva à conquista, mas à clareza. Não nos arma, nos limpa. E ao nos limpar, nos devolve ao que somos sem as máscaras do mundo.

Iemanjá

Iemanjá é o orixá das águas salgadas, mãe dos orixás e senhora do mar e de tudo que há nele, dos peixes às pérolas. Está presente nas marés e nas ondas, daí seus movimentos de vaivém, de sobe e desce, difíceis de controlar, como é difícil controlar todas as mães.

Habita o oceano e guarda seus filhos e suas filhas com zelo e rigor. Protetora da maternidade e do equilíbrio emocional, é quem embala e quem exige, quem consola e quem repreende. Reina entre as marés com um *abebé* prateado na mão e os olhos sempre atentos ao que lhe pertence.

Aceita como oferendas cabra, ovelha, galinha, pata, peixe de escamas, arroz e canjica. Recusa peixe de pele, caracol e quiabo.

Suas cores são o azul, o branco e o verde-mar. Seu emblema é o *abebé* prateado, seu abano real.

É orixá de forte instinto maternal, superprotetora e, às vezes, indiscreta. Suas filhas e seus filhos herdam dela a generosidade e a firmeza, o desejo de cuidar e a necessidade de saber tudo.

A saudação a Iemanjá se faz com: *Odoiá!*

1

Antes que houvesse margens, já havia Iemanjá. Antes que o céu e a terra se separassem, o mar já pulsava em seu ventre. Iemanjá é o princípio líquido da Criação. É a mãe de tudo que vive, de tudo que se move, de tudo que sente. Não há orixá que não tenha saído de suas águas. Não há humano que não tenha sido embalado por sua força. A vida, a própria vida, nasceu em Iemanjá.

Quando o mundo era jovem e deuses e deusas ainda não tinham nome nem gênero, Iemanjá caminhava com os pés descalços sobre o barro molhado, e seu ventre já carregava o futuro. Era bela. Tão bela que atraiu reis, caçadores, até o próprio céu quis tocá-la. Mas Iemanjá não se deixou dominar. É mulher, mãe e rainha, jamais uma cativa.

Amou Odudua, Oraniã, Oquê, Oxalá. Gerou Oxóssi, Ogum, Xangô, Exu, Oxumarê, Omulu, Iansã, Oxum, Obá, todos, tantos. Os que não saíram de seu ventre ela amamentou, fez dormir em seus braços, criou como filhos. Mas não ficou com nenhum. Nem os amantes, nem os filhos. Porque Iemanjá não se retém. É rio que vira mar, e mar que se espalha. Pariu deuses e não se ajoelhou. Criou destinos e não se calou.

Dizem que foi violentada por um de seus filhos. Que fugiu. Que correu em direção ao oeste, onde o sol se deita. Que, ao cair, seu corpo se desfez em água. Ali, onde tombou, nasceu o grande oceano. E Iemanjá deixou de ser mulher e virou mar. Salgado, profundo, infinito. Também dizem que veio de Olocum, o mar profundo, a mãe que guarda nas profundezas oceânicas segredos que não poderão ser conhecidos por ninguém.

Iemanjá carrega em si a força da dor e da criação. O poder de acolher e destruir. Chora com as marés, embala com as ondas, sacode o mundo com seus orixás. É ao mesmo tempo a doçura do colo que acalenta e a perdição do abismo que engole.

Comanda tudo que é líquido. Tudo que flui. Tudo que escapa das mãos. Mas Iemanjá também é estrutura. Costura laços entre os orixás, entre os vivos, entre os tempos. É o elo que sustenta a casa de axé. O esteio da nação. A fonte do axé maternal.

Quem a vê nas festas enxerga apenas o brilho, as conchas, o vestido de prata e azul. Mas há mais. Muito mais. Iemanjá é o mar dentro da alma. A memória das águas de onde todos viemos. O medo ancestral de ser deixado. A saudade do que ainda não aconteceu.

Seu culto é feito de flores brancas, espelhos, perfumes. Mas ela exige mais do que oferendas. Exige respeito, verdade, compromisso. Iemanjá não protege os que mentem para si mesmos. Não cuida dos que desprezam a maternidade da vida.

Ela é a mãe que acolhe, mas que também despacha. Que perdoa, mas que também afasta. Que dá destino e tira caminho. Porque ser mãe do mundo é também saber dizer: "Agora vai".

E mesmo quando o filho se perde, ela continua ali. Mar que nunca fecha, ventre que nunca seca, braço que nunca se fecha. Iemanjá é tudo que ainda pode nos acolher quando o mundo inteiro já se tornou estranho.

2

Iemanjá é mãe. Não no sentido humano da palavra, mas no sentido absoluto. É mãe de tudo que se move. De tudo que respira. De tudo que volta para ela quando o mundo pesa demais. Mãe que pariu os orixás, o mar, o tempo.

Com Oquê, viu o mundo se encher de rios e montanhas, por sua coragem e fraqueza, ao procurar o colo de Olocum, sua mãe, que às vezes é narrada como seu pai. Não importa. O que vale não perder é que ainda são infinitos os segredos que Olocum guarda, segredos sobre a vida, que falam de nós mesmos.

Com Oxalá, Iemanjá compartilha o início. Enquanto ele molda com brancura e sopro, ela oferece a umidade da vida. É com a lama de Nanã e o sopro de Oxalá que Iemanjá cria o espaço onde tudo pode germinar. Ela não disputa com Oxalá. Ela o complementa. Juntos, deram origem ao corpo e à alma do mundo.

Com Exu, teve o que nenhuma outra teve: paciência. Porque só uma mãe é capaz de olhar para a travessura e ver nela uma inteligência em construção. Exu cresceu em seu ventre e, mesmo aparentando andar por caminhos tortos, sempre sabe como chegar a seu destino. Exu não se perde, e Iemanjá confia.

Com Ogum, sentiu o orgulho de ver o trabalho realizado. Abençoou-o pela posse do ferro, lhe deu a coragem, a teimosia. Foi ela quem soprou nos ouvidos de Ogum a noção da coragem, antes de lhe dar a espada. Ogum é guerreiro, mas, quando sua cabeça pesa, é o colo de Iemanjá que ele procura.

Com Oxóssi, partilhou o olhar atento. Com ele aprendeu a esperar. Com ele ensinou que toda caça, todo movimento, todo gesto precisam de um retorno. E quando Oxóssi partiu para o mato, foi Iemanjá quem lhe deu o espelho, para que não se esquecesse de se olhar.

Com Xangô, houve atrito. Fogo e água se enfrentam. Mas só por fora. Por dentro, um completa o outro. Ela não foi a esposa dócil que ele esperava. Foi mãe. E por isso Xangô a respeitou. Porque Iemanjá é a única que pode contê-lo sem gritar. Com um olhar, ela devolve o trovão à calmaria do firmamento.

Em Iansã, se reconheceu. Viu ali a mulher que escolhe, que se move, que não se curva. Iemanjá logo soube que essa filha não veio para ficar no colo, mas para seguir sozinha. Mesmo assim, Iemanjá observa. E guarda.

Com Oxum, compartilha o reflexo no espelho. Mas Iemanjá olha mais fundo. Oxum encanta, Iemanjá revela. E por isso, quando as coisas se confundem, os filhos correm primeiro para Oxum. Quando a dor é funda, o choro não passa e a saudade grita, é Iemanjá quem atende. Oxum é a mãe que gera. Iemanjá, a que cria e toma conta.

De Omulu, assumiu a maternidade que Nanã recusou. Pegou o menino doente, coberto de feridas, e o lavou com lágrimas e sabão da costa. Não perguntou por quê. Apenas cuidou. E por isso Omulu carrega nela sua força de regeneração. Por amor e pela dor do filho adotado, Iemanjá lhe deu um de seus bens mais preciosos: as pérolas.

Com Euá, mantém uma aliança silenciosa. Ambas guardam a dor das mães que sabem mais do que dizem. Iemanjá acolhe. Euá vê. Juntas, protegem o que é frágil sem tornar fraco.

Entre os humanos, Iemanjá reina. É a mais cultuada, a mais invocada, a mais cantada. Mas é também a mais mal compreendida. Porque muitos lhe pedem o que ela não pode dar e desprezam o que ela oferece: firmeza, dignidade, proteção com exigência.

Ela protege as mães. Mas não só. Protege os que se dedicam aos outros. Os que cuidam sem receber. Os que choram calados. Os que resistem. Os que perdoam sem esquecer. Os que seguem, mesmo sem certeza.

No terreiro, sua dança é lenta e poderosa. Move os braços como ondas. Curva o tronco como maré. Veste azul, branco, prata. Carrega espelho, não para se mirar, mas para mostrar ao filho o que ele não quer ver.

Seus filhos têm presença. São fortes e sensíveis. Precisam de espaço. Precisam de paz. Precisam de verdade. Não suportam traição. Não esquecem. Mas perdoam. São capazes de acolher a todos, menos os que fingem.

E quando tudo falha, quando tudo escurece, quando não há mais ninguém… Iemanjá está. Sempre está.

3

Iemanjá é o ventre da continuidade. Tudo que nasce, nasce dela, mas não termina aí. Porque Iemanjá não é apenas a origem. É também o meio. É o fio que costura cada destino no tecido do tempo. É o sal que cura, a lágrima que abre caminho, o colo que nunca fecha.

O mundo se esquece das mães. Mas vive nelas. E Iemanjá continua, mesmo quando ninguém mais a nota. Ela está na onda que afasta, e também na espuma que beija a areia. Está no sono das crianças e na exaustão das mulheres que acordam antes de todos e dormem por último. Está no respiro fundo de quem decide continuar.

Ela não exige adoração. Exige compromisso, respeito, verdade. Porque Iemanjá não abençoa o que é falso. Não cuida de quem se trai. Não protege quem despreza o que a vida tem de sagrado: a capacidade de gerar, sustentar, recompor.

Seu axé é o da constância. Da força que não se anuncia. Da dignidade discreta, mas que permanece. Iemanjá é a corrente subterrânea que leva nutrientes para o oceano inteiro. É o amor que alimenta sem aparecer. Que se faz ausência para que o outro cresça.

Quando fala, sua voz não é de mar agitado, é de profundidade. Quando responde, não é com palavras, mas com a afeição que sabe dar e receber.

Quem caminha com ela aprende a ser suporte. A ouvir. A lavar o que ficou pesado. A renunciar sem se diminuir. A esperar sem perder a firmeza. A amar sem esperar medalhas.

Ela também ensina a força da indignação justa. Porque até a mãe mais amorosa sabe quando é hora de exigir. Sabe quando o colo vira beirada, e o filho precisa cair um pouco para entender. Sabe quando o mar precisa rugir.

Iemanjá é mãe de todos, mas cada um a sente de um jeito. Para alguns, é consolo. Para outros, cobrança. Para outros ainda, apenas a presença que nunca falhou.

Seu culto é o próprio gesto de cuidar. Quem oferece uma oferenda por um filho, mesmo sem saber para quem está pedindo, já está invocando Iemanjá. Quem prepara o alimento e só come por último. Quem protege sem alarde. Quem sente os outros no corpo. Quem lava o que não sujou, todos esses, sem saber, já estão dançando com ela.

E quando o corpo já não aguenta, a alma pede abrigo e o mundo fica árido, Iemanjá acolhe. Porque nada, absolutamente nada que foi amado por ela se perde no agora e no depois.

Ifá

Ifá, também conhecido como **Orunmilá**,
é o orixá da adivinhação, senhor do oráculo e guardião
de todas as histórias vividas pelos orixás e
pelos humanos desde o começo dos tempos.
Guarda em si a memória de tudo o que aconteceu
e de tudo que ainda pode acontecer.
Conhece os ciclos da natureza e os caminhos humanos,
os destinos dos orixás e as escolhas dos mortais.
É por sua palavra que os búzios se abrem e o segredo
se revela, não só como profecia, mas como caminho.
Ensina ao ser humano que o tempo é cíclico,
e que todas as histórias acontecidas em tempos primordiais
se repetem ao longo do caminhar da humanidade, até agora.
E que depois voltarão a se repetir.
Mostra, no oráculo, soluções para os problemas
e meios de contornar o que parece ser definitivo.
Ifá traz o diagnóstico e a terapêutica oferecidos pelos orixás.
Aceita como oferendas milho-branco, coco,
banana e ecuru, bolinho de milho cozido.
Suas cores são o amarelo e o verde, e seus
emblemas são os *búzios* e o *irofá*, sineta de madeira,
instrumento do saber ritual com que chama os odus
para que falem por meio dos mitos ou *itãs*.
Ifá não se manifesta em transe, mas está presente
no destino de todos e nas diferentes etapas da iniciação.
Conhece cada personalidade humana e,
embora se misture a todas, mantém sempre
sua postura grave, determinada e atenta.
O cumprimento a Ifá pode ser feito com:
Ecó Ifá! ou *Axé Orunmilá!*

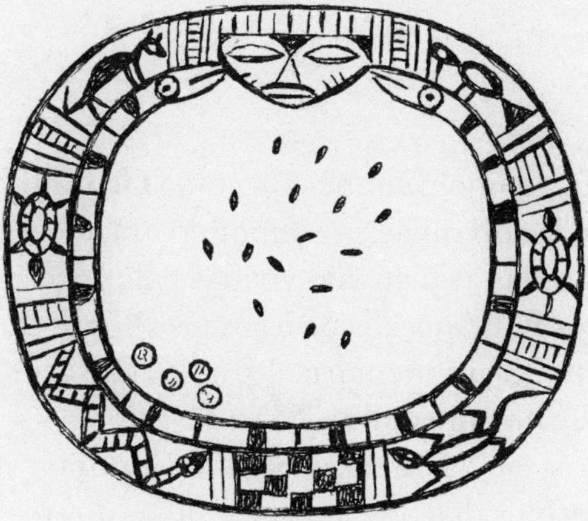

1

No princípio, quando os orixás ainda andavam tateando na escuridão dos tempos primordiais, já havia um que conhecia todos os caminhos. Um que não se movia em alarde, mas que, quando falava, fazia o mundo escutar. Chamavam-no Orunmilá. Chamavam-no Ifá. E os dois nomes cabiam num só corpo: o da sabedoria.

Ifá não brilha como Xangô. Não corta como Ogum. Não dança como Oxum. Mas sem ele, nenhum deles saberia para onde ir. Porque é ele quem conhece o destino de todos. É ele quem decifra os desígnios de Olorum, pai dos orixás, o deus supremo, senhor do Céu, que na língua dos orixás, por ser o pai do universo, é chamado também de Olodumare.

É Ifá quem lê o ori, ou seja, a cabeça de cada ser humano, onde está inscrito o odu, chave do destino e das qualidades e propensões da pessoa, virtudes e defeitos. É ele que sabe o que fazer com o que está dado e como buscar o melhor caminho.

Não veio para guerrear, seduzir ou se impor. Veio para saber. E por isso todos os orixás o respeitam. Ifá é o orixá que escuta antes de responder. Que conhece a história antes que ela se desenrole.

É ele que fala pelos búzios, que vê o que os odus mostram, que é capaz de declamar os versos infinitos do saber mítico. Cada odu tem seus caminhos. Cada caminho, uma vida. Cada vida, um ensinamento. E Ifá não julga, revela.

Com Olorum, firmou aliança sagrada. Somente Ifá desceu do céu com o mapa dos destinos. Só ele carrega o segredo do que foi e do que será. Ele não presume, ele lembra.

É velho. Velhíssimo. Mais velho que o tempo contado. E por isso, fala pouco. Sua palavra é medida. Sua fala, fundamento.

Nos mitos, aparece com simplicidade. Raramente toma parte nos conflitos. Mas é sempre ele quem indica o caminho certo. Quem aconselha antes da tragédia. Quem orienta para que o inevitável se torne suportável.

Não intervém à força, nem obriga. Ifá mostra. E depois observa o que cada um faz com o que foi revelado. Porque o saber não é garantia de acerto, é apenas bússola. E até o melhor dos caminhos precisa de pés que saibam caminhar.

Seu culto é complexo, extenso, profundamente oral. E foi perdido no Brasil. Ou quase. Há sempre quem, mesmo sem saber o todo, repete seus versos nos cantos do terreiro. Seu saber preservado ainda guia, seus ensinamentos sobreviveram no jogo de búzios. Agora, pouco a pouco, o culto a Ifá vem retornando. Não como novidade, mas como lembrança, reconstituição.

Ifá não se apresenta. Ele é apresentado. E só fala com quem está pronto para ouvir.

E quando tudo parece incerto, quando todas as opções parecem erradas, é a voz dele que ainda pode ser ouvida, se houver sabedoria suficiente para escutá-la.

2

Ifá, ou Orunmilá, é o orixá que sabe. E por isso caminha com todos, mas mantendo a distância de quem não precisa provar nada. Não se impõe entre os deuses. Mas quando fala, todos escutam. Porque cada orixá, e consequentemente cada ser humano, carrega sua própria sina, e só Ifá conhece a de todos.

Com Exu, mantém uma aliança vital. São opostos e complementares. Ifá é o que revela o caminho; Exu, o que abre ou fecha. Se Ifá mostra a direção, é Exu quem permite a passagem. E por isso, antes de jogar os búzios, é a Exu que se pede licença. Para que Ifá possa falar.

Com Ogum, há respeito. Ogum é o orixá da ação, do fazer. Ifá, do saber. Um age. O outro aconselha. Se Ogum vai à guerra sem ouvir Ifá, arrisca-se à derrota. Porque a força sem sabedoria se torna violência cega. E Ogum, que entendeu isso com os próprios tropeços, aprendeu também a consultar Ifá antes de partir.

Com Xangô, há tensão. O rei da justiça prefere agir por instinto. Mas até ele, quando o trovão se cala, busca os versos de Ifá para compreender o que o poder sozinho não resolve. Porque saber julgar exige conhecer a história por trás do gesto. E Ifá sempre a conhece.

Com Oxum, a relação é sutil. Ela encanta. Ele percebe. Ela enfeita. Ele lê o que está por trás do enfeite. Oxum fala com doçura; Ifá ouve com profundidade. Entre eles há sabedoria contida. Entrelinhas. Um acordo tácito entre o encanto e o saber.

De Iemanjá, Ifá se aproxima com respeito. Ela, mãe de todos. Ele, aquele que revela o destino de cada filho. Iemanjá ampara; Ifá orienta. E quando o colo não basta, é a palavra dele que aponta o rumo.

Com Euá, tem uma dívida eterna que nunca se paga. Ela o livrou da Morte e, para isso, teve que mentir. Ifá, se alguma vez pensa em sua própria vida, se curva à memória de Euá. Não se sabe bem o que houve entre eles, apenas que aquele momento foi inesquecível para os dois.

Entre os humanos, Ifá é menos conhecido que os orixás do cotidiano, mas isso está mudando. Seu culto, antes esquecido ou subterrâneo, começa a ressurgir. Babalaôs se formam. *Itãs* se recuperam. O desenrolar dessa redescoberta vai separar o que é verdadeiro do que não é. Por ora, os odus voltam a circular com força. Não é moda. É retorno, difícil retorno, porque Ifá não é novo, e o velho toma tempo para ser compreendido.

Nos terreiros, sua presença é respeitada mesmo onde não é cultuado. Apesar disso, no jogo de búzios, o oráculo, os versos continuam transmitidos de boca a ouvido: tudo isso carrega a marca de Ifá, mesmo quando seu nome não é lembrado.

Quem o invoca deve vir limpo, aberto, pronto para escutar o que não quer ouvir. Porque Ifá não diz só o que agrada. Diz o que é. E quem ouve de verdade, nunca mais volta a ser o mesmo.

Seus filhos são raros — ou esquecemos como identificá-los. Presumimos que têm fala mansa, olhar distante, vontade de aprender e de saber. São conselheiros mesmo sem querer. Veem o que os outros não enxergam. E muitas vezes, são solitários. Porque carregar o saber é carregar também o peso de saber demais.

Ifá é o orixá que menos se vê, mas que mais nos toca. Porque seu axé está no caminho, na escolha, na consciência. E toda vez que uma decisão se abre diante de alguém, Ifá está ali, mesmo que ninguém o chame pelo nome.

3

Ifá é o orixá do saber que orienta, e não do saber que domina. Ele não conhece por vaidade, conhece por dever. Sabe porque é necessário saber, porque o mundo é um emaranhado de possibilidades, e cada escolha é uma bifurcação que altera tudo. Ifá nos ensina que o destino não é um fardo fechado, mas um campo de forças onde a consciência pode agir.

Seu axé não está na ação imediata, mas na escuta profunda. Ele mostra que a sabedoria não está no saber muito, mas no saber o suficiente para calar. A palavra só deve ser dita quando for remédio. Se não cura, que não seja pronunciada.

Ifá é a bússola do tempo. Enquanto os outros orixás movimentam os acontecimentos, ele desenha as rotas possíveis. Enquanto Ogum abre estradas e Xangô faz justiça, Ifá desenha atalhos, riscos, retornos. Ele é o que conhece antes do início e que permanece depois do fim.

Ele nos ensina que todo caminho tem preço. Que cada escolha é uma renúncia. Que não há resposta sem pergunta verdadeira. Ifá não impõe destino, revela os elementos do enigma, e espera que cada um o resolva com dignidade.

E por isso é tão atual. Porque vivemos perdidos em um excesso de vozes e na carência de direção. Se Exu é o senhor da encruzilhada, Ifá é o que conhece a história de cada trilha. Ele mostra a pedra, o galho seco, a água escondida, o perigo e o possível acolhimento. Mas não leva pela mão. Porque caminhar é parte do aprendizado.

Ifá não julga. Expõe. E ao expor, responsabiliza. Porque saber é também assumir o que se faz com o que se sabe. A palavra que ele traz não pode deixar de ser ouvida. Depois de ouvir, não há como voltar ao antes.

Com Ifá aprendemos que o sagrado está no discernimento. Que o oráculo é uma referência de muitas vidas vividas, não uma visão mágica. Que os caminhos não se abrem com promessas vazias, mas com verdade, com intenção, com escuta.

Ifá é o orixá da dúvida honesta. Da pergunta que salva. Da pausa que revela. É aquele que ensina que não há crescimento sem reflexão, que não há cura sem consciência, que não há axé sem responsabilidade.

E mesmo quando não se sabe o que fazer, basta o respeito à palavra que não veio. Porque o que Ifá nos dá, acima de tudo, é tempo para saber com profundidade antes de agir com velocidade.

Ifá é o orixá de quem escolhe com alma. E quem caminha com ele pode tropeçar, errar, cair, mas nunca será ingênuo. Porque viu. Porque ouviu. Porque soube. E saber, para Ifá, é o primeiro ato da liberdade.

Oxaguiã

Oxaguiã é o orixá da criação da cultura material,
inventor do pilão e senhor da ideia que vira forma.
Habita o ar e, no pensamento em movimento,
transforma a necessidade em criação.
Foi ele quem, querendo comer inhame pilado
com mais rapidez, inventou o pilão, de onde
nasceram os moinhos, os monjolos, depois as usinas
e as fábricas, e, com eles, a história da transformação
dos alimentos e da vida em sociedade.
Aceita como oferendas caracol catassol (*igbim*),
inhame pilado e canjica de milho-branco.
Recusa azeite de dendê, sal e bebidas alcoólicas.
Sua cor é o branco, símbolo da clareza da mente que inventa.
Seu emblema é a *mão de pilão*, extensão do corpo que pensa
e faz, e também a *espada*, que o apresenta como guerreiro
destemido. Como guerreiro, é chamado Ajagunã.
É orixá criativo, autônomo, determinado e obstinado.
Seus filhos e suas filhas têm sede de novidade
e vontade de transformar tudo o que tocam.
Onde há um problema, veem um projeto.
Epa Babá! é como se aclama Oxaguiã. Ou: *Epa Epa!*

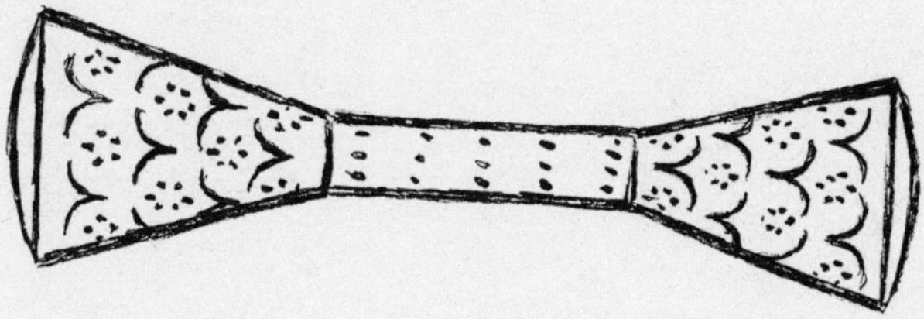

1

Quando o mundo ainda se arrastava em lentidão cerimonial, quando os deuses seguiam o tempo do Céu e a fome se curvava à espera, Oxaguiã teve pressa. Teve fome e uma ideia. Quis comer inhame amassado — não amanhã, mas agora. Para isso, inventou o pilão.

Com o pilão, quebrou a lentidão do mundo. Assim, mudou o mundo, mudou a noção do trabalho, a noção do que é ser um trabalhador com sua máquina. Com o pilão, antecipou um novo jeito de comer o alimento. Criou o pilão para esmagar o inhame, e ficou mais fácil preparar o alimento. E o pilão de Oxaguiã deu origem ao monjolo, ao moinho, às usinas, às fábricas, ao mundo da cultura material. Oxaguiã pilou o tempo. E dele nasceu a invenção que nunca mais parou.

Embora faça a guerra, ele não é guerreiro no sentido maior. É guerreiro de engenho. Sua lança não sangra, transforma. Seu campo de batalha é o da invenção. Oxaguiã é o orixá da ideia que vira coisa. O que vê antes, o que quer agora, o que não aceita a espera como destino.

Mas a guerra existe e pode ser inevitável. Quando chamado, Oxaguiã não se põe fora do campo de batalha. Seu outro nome é Ajagunã, o jovem guerreiro, companheiro de guerra de Ogum. O combate predileto de Oxaguiã, contudo, é outro. Ele luta contra a estagnação. Contra a fome. Contra o atraso. Oxaguiã é o orixá que se impacienta com a inércia.

Uns dizem que é o mais jovem dos Oxalá. Mas não é imaturo. É inquieto. Enquanto Oxalá velho anda devagar, de branco total, Oxaguiã vem de branco com azul, branco com prata, branco com vida em movimento. É o branco da transformação, não da paz estagnada.

Seu corpo é leve, seus passos são ágeis. Dança com lança e escudo, e também com a mão do pilão, com o gesto que prepara, com o olhar que antecipa. Os outros orixás veem o mundo como está, Oxaguiã vê o mundo como ele pode ser.

É orixá da juventude que não aceita o mundo como lhe é entregue; da mente que não se contenta com o velho modo de fazer; do corpo que quer agir, agora, já. Ele é o orixá da transformação pela inteligência.

Oxaguiã é filho de Oxalá, dizem outros, mas prefere o mundo em ebulição ao mundo em repouso. Mesmo assim, honra o pai com o que é: o novo. Porque mesmo o mais velho dos orixás precisa, um dia, ouvir a voz do filho que diz: "Tem outro jeito".

E é por isso que Oxaguiã não espera permissão. Ele propõe. Ele age. Ele inventa. E ao fazer isso, carrega o axé da transformação. Seu pilão não é só ferramenta, é símbolo do mundo que pode ser mais rápido, mais vivo, mais humano.

2

Oxaguiã é o filho que não herdou o mundo, inventou outro. Enquanto muitos orixás repetem a tradição, ele é aquele que a transforma. Não por rebeldia, mas por necessidade. Não por vaidade, mas por visão. Oxaguiã não quebra para romper. Ele quebra para refazer.

Com Ogum, tem laço de irmão e é parceiro de criação. Ogum fende o mato, forja a estrada, abre passagem com o ferro. Oxaguiã vem logo atrás com ideias na cabeça e novas ferramentas nas mãos. Enquanto Ogum desbrava, Oxaguiã modela. Juntos, são o gesto e o pensamento. A matéria e a invenção.

Com Oxalá, seu pai, mantém relação de reverência, mas não de imitação. Oxalá velho é o tempo que assenta. Oxaguiã é o tempo que propõe. Um guarda o princípio. O outro reinventa o meio. Oxaguiã não se distancia do pai, ele se projeta a partir dele. É como o jovem que respeita a herança, mas sabe que precisa de atualização para continuar viva.

Com Exu, se reconhece no movimento. Ambos são impulso, ambos abrem caminhos. Mas enquanto Exu testa, Oxaguiã realiza. Exu é o caos criador; Oxaguiã, a ordem inventiva. Exu sacode, Oxaguiã reorganiza. Juntos, podem mudar a lógica do mundo com riso e raciocínio.

Com Iemanjá, há amor. Ela o acolheu no ventre com a consciência de que daria à luz um orixá que não descansaria. Filho inquieto, filho veloz, filho que não se satisfaz com o mar, mas que o observa e pergunta: "O que há além?". E ela, mãe do mundo, sorri. Sabe que ele não vai sossegar enquanto não vir o que há além com os próprios olhos. Ela, por sua vez, já o vê como o guerreiro Ajagunã, pronto para a guerra, se a guerra se plantar no horizonte.

Com Xangô, há confronto de ideias. Ambos têm poder. Onde Xangô impõe, Oxaguiã sugere. Onde Xangô comanda, Oxaguiã convence. São diferentes, mas se respeitam. Porque um sabe o que é sustentar uma casa, e o outro sabe o que é inventar uma casa nova.

Oxaguiã destrói para ver o reconstruído melhorado. Nunca está satisfeito com a situação dada: é preciso ir adiante, é preciso melhorar. Ele se veste de branco, mas nunca se esquece de usar nem que seja uma pequena tira de tecido azul, lembrança de Ogum, memória da guerra e do guerreiro.

Para com os orixás do segredo — Nanã, Euá, Omulu —, Oxaguiã mantém respeito. Não invade. Não profana. Mas observa, estuda e aprende. Porque mesmo o mais inventivo precisa saber que há saberes que não se expõem.

Entre os humanos, Oxaguiã protege os que criam. Os que pensam. Os que questionam sem desistir. Os que propõem sem arrogância. Os que não aceitam "Sempre foi assim" como resposta.

Protege os jovens inquietos. Os velhos inconformados.

Os que trabalham com as mãos e sonham com a cabeça. É o orixá da fome que vira ferramenta. Da necessidade que vira técnica. Da urgência que vira solução.

Seus filhos são ágeis, inteligentes, impacientes com a mediocridade. Têm mil ideias por minuto e pouca tolerância para a espera vazia. Não gostam da hierarquia cega. Mas se apaixonam por processos, sistemas, invenções. Muitos são confundidos com Ogum, mas têm uma leveza, uma inventividade que é só deles. Ogum trabalha, e trabalha duro; Oxaguiã pensa. Que seja uma planta, um roteiro, um modelo a ser transformado numa construção, máquina ou livro, que seja novo, útil e capaz de melhorar a vida. Um produz, o outro delineia, e assim formam uma parceria que define o ser humano pleno.

No terreiro, sua dança é firme e jovem. Gira com lança curta, com escudo, com força nos joelhos. E também com movimentos suaves dos braços. Como quem soca o pilão sem esforço, mas quebra estruturas profundas.

Oxaguiã é o orixá da ação com consciência. Do pensamento que projeta a ferramenta. Do futuro que começa agora no gesto simples de quem diz: "Não dá mais para esperar".

3

Oxaguiã é o orixá da invenção como urgência. Ele ensina que o pensamento não serve para se exibir, serve para resolver. Que a inteligência não é ornamento, mas é instrumento. E que o saber que não vira gesto morre afogado na espera.

Seu pilão não é apenas símbolo de alimentação, é símbolo de ruptura. De antecipação. Ao desejar com urgência o inhame amassado, Oxaguiã não revelou gula, revelou visão. Percebeu que o mundo precisava de ritmo, de método, de aceleração. E com um tronco e a força dos braços, iniciou a era da transformação técnica.

Ele é o orixá dos que não se conformam. Dos que olham para a escassez e não ficam esperando um milagre: inventam logo uma solução. Dos que veem uma tarefa repetida e pensam que dá para fazer melhor. Seu axé está no pensar que muda a prática. No agir que nasce do incômodo. Na criatividade que nasce da necessidade.

Mas Oxaguiã também ensina a disciplina. Porque nenhuma ideia se realiza sem braço. Pilar é gesto contínuo, insistente, cadenciado. Não basta querer. É preciso repetir. Lapidar. Persistir. O pilão e o ato de pilar não nasceram do nada. Oxaguiã é o orixá do trabalho inteligente e da inteligência trabalhada.

Ele nos mostra que tradição não é prisão. É ponto de partida. Que respeito aos mais velhos não exclui inovação, mas exige base. Que transformação verdadeira nasce do chão. Oxaguiã não é contra o passado. Ele é a favor do futuro.

Seus filhos, como ele, têm a cabeça cheia de caminhos. A alma impaciente. A fala rápida. A ação pensada. Costumam parecer teimosos mas, no fundo, são coerentes com o que veem antes dos outros. Muitas vezes incompreendidos, sempre necessários. Porque o novo, antes de ser celebrado, é quase sempre combatido.

Oxaguiã não busca trono. Não busca glória. Busca fazer melhor. Porque quem tem fome não espera elogio, quer alimento.

Ele é o orixá dos engenheiros, dos artesãos, dos pensadores práticos, dos jovens que reviram o mundo com um aplicativo, dos velhos que ainda têm projetos guardados na gaveta. Do futuro que honra o axé do passado. Mas é também o orixá dos que lidam com a palavra e o pensamento como objetos do trabalho, que se aplicam com dedicação constante, a testa suada na labuta, o resultado se revelando diante de seus olhos.

Sem a dedicação de Oxaguiã à criatividade sem limites, e sem a expertise de Ogum em tudo o que a tecnologia alcança, faz e controla, talvez ainda não tivéssemos assistido ao nascimento daquela que agora se infiltra em todos os fazeres e pensares. Aquela que se põe a nosso lado para resolver nossos problemas e até nos ameaça, a inteligência artificial, o temido dragão invisível de nossa era, que não avança para ser humano, mas para ser deus.

Oxaguiã é o orixá da mudança que respeita o que deve ser mudado. E no final, quando tudo parecer paralisado, quando o ferro de Ogum estiver frio, quando o tempo de Oxalá estiver lento demais, é Oxaguiã quem pega o pilão e diz: "Vamos fazer de novo, novo e melhor".

Oxalá

Oxalá, também chamado de **Oxalufã**, **Orixanlá**
ou **Obatalá**, é o orixá da Criação: foi ele
quem moldou o ser humano a partir
da lama, com paciência infinita e mãos de ar.
Habita o espaço rarefeito do princípio das coisas,
onde a lentidão é força e a calma, sabedoria.
Anda com o *opaxorô*, seu cajado branco,
e veste-se de branco como quem leva no corpo
o sinal da paz e da responsabilidade maior.
Aceita como oferendas caracol catassol (*igbim*),
cabra branca, pomba, arroz, canjica, inhame pilado e melão.
Recusa azeite de dendê, sal e bebidas alcoólicas.
Sua cor é o branco absoluto, cor do que é anterior à
mistura. Seu emblema é o *opaxorô*, cajado que sustenta
sua caminhada e conduz os passos do tempo.
É orixá frio, calmo, lento, teimoso, paciente e autossuficiente.
Seus filhos são reservados, orgulhosos e cheios
de uma sabedoria que fala pouco, mas pesa muito.
O brado com que se saúda Oxalá é:
Epa Babá!, ou *Xeuê Babá!*

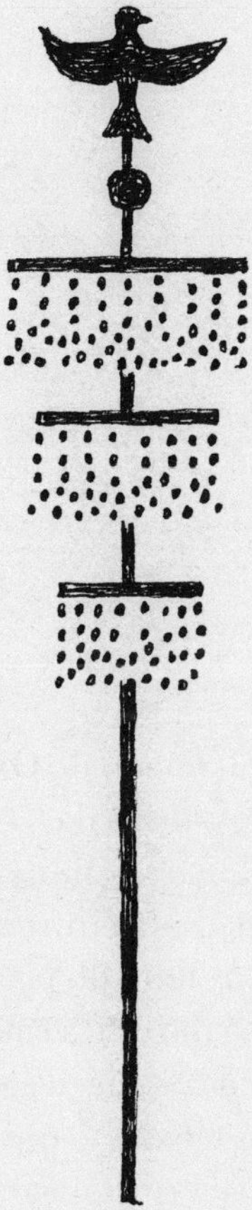

1

Antes que houvesse forma, já havia vontade. Antes que houvesse cor, havia branco. Antes que qualquer orixá tivesse nome ou função, Oxalá já caminhava entre o Céu e a Terra com um bastão na mão e o destino na cabeça. Tinha uma missão: cuidar da Criação em nome de Olorum, que queria um mundo e suas criaturas para animar sua existência eterna.

Oxalá é o princípio da Criação. Foi ele quem moldou os corpos com a terra e a água, soprou vida, deu contorno àquilo que era apenas barro. Não criou sozinho: pediu a lama a Nanã, aceitou a paciência de Oxum, recebeu o sopro de Olorum. Mas foi sua mão que lhes deu forma.

Oxalá é o orixá do pano branco. Não o branco da ausência, mas o branco que contém todas as cores. O branco do segredo, do silêncio, do tudo. O branco que antecede o nascimento.

Oxalá anda devagar. Não corre porque sabe que tudo chega a seu tempo. É velho, mas não é só a idade que conta: é a sabedoria. É gesto que não precisa provar. É voz que basta olhar.

Nos mitos, é traído, enganado, estorvado, objeto de escárnio. E ainda assim, não revida. Ele aguarda. Sua justiça é o tempo. Sua resposta é o destino. Não é que não sinta raiva. É que já viu que a raiva passa, e que a serenidade permanece.

Carrega o opaxorô, bastão sagrado que não golpeia, mas oferece apoio. Carrega o branco nas vestes e nas palavras. Oxalá é o orixá que sabe que tudo se resolve se o pano branco for estendido sobre a situação.

Quando o mundo está em guerra, quando os orixás se enfrentam, quando o axé se confunde, chamam por ele. E ele vem. Não para vencer, mas para dissolver. Não para ordenar, mas para restaurar.

Não exige. Não seduz. Não impõe. Oxalá simplesmente é. E por isso é força que nenhuma força derruba.

Quem o vê no terreiro, vê a lentidão ritual. O gesto calmo. A dança sem pressa. O corpo que gira como se acariciasse o tempo. Mas o que parece leveza é potência guardada. Porque Oxalá já fez tudo. E agora apenas sustenta.

Seu nome, quando sussurrado, traz paz. Quando cantado, acalma. Quando lembrado, protege. Chamam-no por muitos nomes: Oxalufã, Obatalá, Orixanlá.

Oxalá é a brancura que cura. A limpeza que acolhe. O princípio da perfeição que ainda é a promessa para o nosso mundo.

2

Oxalá está em tudo, é o tudo e o nada, o começo e o fim. É o mais respeitado entre os orixás, não pelo poder, mas pela compostura. Não pela força, mas pelo exemplo. Oxalá não precisa levantar a voz, ele sustenta o mundo com um olhar.

Com Exu, teve embate. Em sua missão de criar o mundo, foi atrasado por ele: Exu fez com que se embriagasse, enganou-o. E por isso, Oxalá chegou tarde, Odudua já chegara antes e fizera o serviço que lhe cabia fazer. Por isso evita a bebida, caminha com cuidado e respeita o tabu que seu pai lhe impôs: não bebe nem come nada preparado com o que se tira da palmeira de dendê. Especialmente seu vinho, que o embebedou, e até mesmo seu azeite, com que se preparam as comidas que os orixás e os humanos comem com prazer, são tabus alimentares de Oxalá e seus filhos. Mas Oxalá não se ofende, se reinventa. Entendeu que Exu apenas devolvia o que lhe era de direito: uma oferenda que Oxalá, por descuido ou soberba, deixou de fazer antes de iniciar a Criação, como Olorum havia ordenado. Entendeu, assim, que o mundo não nasce da pressa, nem do orgulho.

Com Ogum, há contraste e afinidade. Ogum corta, Oxalá molda. Ogum se lança, Oxalá medita. Ambos criam. Enquanto Ogum forja, Oxalá forma. Um age, o outro sustenta. E Ogum sabe: quando o ferro esquenta demais, é Oxalá quem o resfria.

De Xangô, o filho tempestuoso, houve distanciamento e, depois, reconciliação. Conta-se que Oxalá, orixá do branco, sentindo saudade do filho Xangô, rei de Oió, tomou o caminho a pé para visitá-lo. Dias de poeira e chuva o deixaram sujo e magro, mas inabalado. Na estrada, viu um cavalo magnífico, livre, e montou para seguir viagem. Ao chegar à capital, foi detido pelos guardas, que o acusaram de roubar o animal predileto do rei e o prenderam. Vieram então a peste, a fome e a esterilidade. Ifá foi consultado e disse a Xangô que fosse ver o que sua masmorra guardava. Na prisão, Xangô encontrou o pai e o libertou. Mulheres de todo o povo trouxeram panos limpos e água fresca e perfumada para lavá-lo. As colheitas voltaram, os rios correram, as minas jorraram e as crianças nasceram. Assim surgiram as Águas de Oxalá, lembradas na festa da Lavagem do Bonfim, que todos os anos renovam a memória desse encontro no interior dos terreiros e em lugares públicos.

Com Oxaguiã, há identidade e diferença. Enquanto Oxaguiã inventa, Oxalá assenta. Enquanto o jovem soca o alimento no pilão com pressa, o velho guarda o modo certo de moldar. Oxaguiã propõe, Oxalá preserva. E entre os dois há respeito sem hierarquia: o tempo do filho é o tempo do agora; o do pai, o tempo do sempre.

Com Nanã, há silêncio profundo. Ela guarda os mortos; ele moldou os vivos. Ela entrega à terra o que ele tirou do barro. Juntos, são começo e fim. Forma e lama. Vida e morte. E não há palavra entre eles, há reconhecimento.

Com Iemanjá, há vínculo de criação. Ele forma; ela gesta. Ele sopra; ela embala. Ele nomeia; ela alimenta. Oxalá e Iemanjá partilham o destino de cuidar do mundo sem precisar aparecer.

Oxalá é chamado quando tudo está confuso. Quando o terreiro precisa de alívio. Quando a comunidade precisa de compasso. Não aceita desordem. Mas também não pune, apenas se ausenta. E onde Oxalá não está, o axé se dissipa.

Entre os humanos, Oxalá é orixá de cabeça firme. De conduta limpa. De espírito calmo. Seus filhos carregam o peso leve da sabedoria. Têm olhar profundo, fala ponderada, gestos comedidos. Às vezes, são vistos como lentos, mas é o mundo que corre demais. Eles apenas acompanham o tempo real das coisas.

Oxalá rege a fé. Não a fé de promessas e milagres, mas a fé de permanência. De quem insiste no bem mesmo quando ninguém está olhando. De quem segue o caminho reto mesmo quando ele parece mais longo.

E quando tudo ruir — a casa desabar, a palavra falhar, o corpo cansar — é a brancura de Oxalá que ressurge. Sem alarde. Sem espetáculo. Apenas presença. É ele quem fica quando tudo o mais passou.

3

Oxalá é o orixá da Criação como gesto silencioso. Ele nos ensina que começar não é gritar, é moldar. Que formar o mundo não é vencer batalhas, é insistir na forma até que ela permaneça. Que fazer viver não é mandar, é cuidar para que o que nasce não se quebre.

Ele não ostenta. Não exige. Não busca. Ele é. E é por isso que é o mais respeitado. Porque não precisa convencer, basta estar.

Oxalá nos mostra que a força do mundo está na compostura. Que há poder na mansidão, autoridade na contenção, firmeza no passo lento. Quem corre demais, tropeça. Quem anda com Oxalá, chega.

Seu silêncio não é omissão. É profundidade. É escuta. É sabedoria de quem sabe que a palavra certa, no momento certo, vale mais que mil argumentos. Oxalá só fala quando precisa, mas, quando fala, o tempo se curva para escutar.

Ele ensina que tudo que é verdadeiro é simples. Que tudo que é eterno é calmo. Que tudo que tem raiz cresce devagar. E que toda criação exige paciência, e toda paciência exige fé.

Oxalá é o orixá do pano branco que cobre a cabeça, o chão, o corpo. Mas não para esconder. Para proteger. Para assentar. Para lembrar que tudo o que tem forma já foi barro. Que tudo o que é sagrado nasceu do úmido, do escuro, do útero. E que quem não honra a origem, se perde no caminho.

Com ele aprendemos que o tempo do orixá não é o tempo da pressa. Que o axé precisa de base. Que a sabedoria não está na agitação, mas no eixo. Oxalá é esse eixo. É o que sustenta o mundo.

Seus filhos carregam esse branco como farol. São aqueles que não falam alto, mas sustentam decisões. Que não brilham à primeira vista, mas são lembrados como fundamento. Que não correm para aparecer, mas estão sempre onde mais precisam estar.

Oxalá é o fim que contém o início. O começo que nunca deixou de ser. O destino que espera a gente amadurecer para ser compreendido. Ele é a paz que não depende do mundo.

E quando tudo se encerrar, quando o livro for fechado, o canto cessar e o corpo descansar, Oxalá ainda estará ali. Com o opaxorô na mão. Com o pano branco no ombro. Com a calma no rosto. Porque ele não é o orixá do agora. É o orixá do sempre.

Epílogo

1

Este livro reúne dezoito orixás em uma travessia simbólica e interpretativa pela mitologia iorubana tal como recriada nos terreiros afro-brasileiros. Um a um, foram evocados por meio de mitos, palavras, lembranças e memórias: Exu, Ogum, Oxóssi, Ossaim, Omulu, Oxumarê, Xangô, Obá, Iansã, Oxum, Logum Edé, Ibejis, Nanã, Euá, Iemanjá, Ifá, Oxaguiã e Oxalá.

Há, no entanto, outros orixás cultuados, ainda que com menor visibilidade nos ritos ou nas narrativas dominantes. Num número menor de templos, por um número menor de seguidores, talvez. Destacam-se alguns deles a seguir.

Airá, orixá do fogo, associado às fogueiras juninas e compreendido por muitos como manifestação de Xangô. Veste-se de branco e é por vezes chamado de "Xangô de branco".

Ajalá, responsável pela modelagem da cabeça de cada pessoa, o ori, que contém os caminhos e as propensões, a vocação e a ventura de cada ser humano, escolhido por cada ser humano para si antes de nascer, antes de renascer, antes de enfrentar este mundo — mais uma vez.

Ajé Xalugá, deusa quase esquecida no Brasil, é orixá da riqueza e da prosperidade.

Erinlé (também chamado Inlé ou Ibualama) é o caçador de elefantes, considerado uma forma de Oxóssi, protagonista de um mito em que, seduzido por Oxum, gera Logum Edé.

Iroco, orixá da grande árvore, representado no Brasil pela gameleira-branca, símbolo de permanência e senioridade.

Olocum, senhora dos mares profundos, é mãe de Iemanjá e guardiã dos mistérios não revelados da natureza.

Onilé, orixá da Terra, cultuado em casas mais antigas e entre os que buscam restaurar tradições ligadas à natureza e à ancestralidade planetária.

Oquê, orixá das montanhas, figura em mitos cosmogônicos ao lado de Iemanjá, responsável pela formação dos relevos terrestres.

Oraniã, filho de Odudua e rei de Ilê-Ifé, representa as forças subterrâneas e os legados políticos da formação iorubana.

Orixá Ocô, orixá da agricultura, cuja escassa presença no Brasil pode ser atribuída à urbanização precoce das religiões de origem africana no país.

Odudua, orixá da Criação, responsável pela formação do mundo, exceto do ser humano, que coube a Oxalá.

Otim, por vezes compreendida como manifestação feminina de Oxóssi, cultuada como orixá independente sobretudo no Sul do Brasil.

Esses nomes, e tantos outros, indicam que o universo dos orixás permanece em fluxo. Ele não se encerra em uma lista, mas se manifesta continuamente nos cantos, nas folhas, nos ritos, na memória que resiste. É um mundo que não se esgota e que, por isso mesmo, se reinventa no tempo, no espaço e na experiência sensível.

Nunca é demais lembrar que diferentes tradições africanas chegaram ao Brasil trazidas pelos escravizados e por negros livres, sendo aqui, ao mesmo tempo, preservadas e transformadas. Entre elas, destacam-se as tradições dos orixás dos povos iorubás, de que trata este livro. Mas, além dessa tradição e do legado indígena, aqui também se preservaram tradições africanas dos voduns dos povos fons, e as dos inquices dos povos bantos. Cada tradição, por sua vez, apresenta variantes, com diferenças, por exemplo, nas cores cerimoniais, nas comidas votivas, nos tabus rituais e nos poderes atribuídos a cada divindade. Eventuais diferenças entre o que aqui se escreveu e aquilo que o leitor vivenciou no universo dos orixás podem ser fruto dessa diversidade.

2

A obra aqui concluída configura uma travessia reflexiva por um saber mitológico que não busca totalidade, mas procura oferecer sentido. Longe de pretender esgotar o tema, propõe-se a sustentar, com rigor e reverência, uma palavra que se abre ao entendimento e à escuta. Trata-se de uma abordagem que considera o orixá como potência da natureza e da alma, categorias que, no horizonte cosmológico de que provêm os mitos, não se distinguem entre si.

O orixá é presença, gesto, símbolo, modelo de existência. Não se exige adesão religiosa para captar seu alcance, nem se requer fé para reconhecer sua força como figura ilustradora do viver no mundo. A narrativa mítica, no âmbito do conhecimento, antecede o pensamento racional e nele ainda reverbera. O mito que persiste não é relíquia do passado, mas linguagem que resiste ao apagamento numa sociedade que precisa também dele.

Cada capítulo foi construído com releitura, escuta, cuidado e o propósito de honrar o tempo longo da tradição. Na interpretação aqui proposta, pesaram sobretudo cinquenta anos de presença em terreiros de todo o país. A tradição, em muitas circunstâncias, para seguir viva, prefere se recolher. Como os atabaques cobertos pelo pano ao final do toque, ela se abriga na quietude como pausa necessária. Que essa calma não seja ausência, mas intervalo fértil. Que promete novas escutas, novas danças, novas interpretações. O caminho dos orixás continua. Enquanto houver quem ouça suas histórias, haverá recomeço.

3

A compreensão dos conceitos centrais que atravessam esta obra — orixá, mito e axé — exige mais do que definição técnica. Exige escuta sensível. Essas palavras funcionam como tambor: não se captam com o intelecto apenas, mas com a memória viva que alimenta os corpos e as coletividades.

O orixá, compreendido como elemento da natureza e base da existência humana, constitui uma forma de inteligibilidade do mundo. Cada orixá expressa modos distintos de ser e agir, tornando-se referência para a conduta, para a emoção e para a reflexão. Não se trata de arquétipos universais, mas de formas culturais e ancestrais de inscrição simbólica do humano no cosmo.

O mito, por sua vez, é a narrativa que estrutura essa relação. Não se confunde com ficção; é sabedoria em forma de pequenas histórias, fatos da vida, aventuras: situações vividas num tempo primordial, tempos míticos. São histórias vividas pelos orixás e que se repetem na vida dos humanos ao longo das incontáveis gerações. O pensamento iorubá tradicional concebe que o tempo é circular e que tudo, portanto, se repete. O passado ressurge no presente, o presente no futuro: nada é novidade; o vivido apenas se adapta aos tempos que avançam e às suas circunstâncias. Nos mitos, os orixás enfrentam conflitos e paixões que espelham os dilemas humanos, e é por meio dessa duplicidade simbólica que eles podem nos ajudar a compreender a nós mesmos.

O axé é a energia vital que sustenta essa cosmologia. Ele circula entre os orixás, entre os seres humanos e a natureza, conferindo potência, direção e sentido. É o princípio que permite a circulação de Exu, o corte de Ogum, o encanto de Oxum, o julgamento de Xangô, o consolo de Iemanjá. É também o impulso que anima a experiência humana: o desejo, o gesto, o cuidado, a resistência.

Neste livro, cada capítulo buscou iluminar essas potências não como abstrações, mas como expressões vivas da interioridade humana. A proposta não foi descrever de fora, mas reencontrar, por dentro, as marcas desses orixás. Porque os orixás não são apenas forças exteriores: são presenças íntimas, heranças existenciais da nossa condição de humanidade.

O texto se encerra, mas o percurso permanece aberto. Os orixás seguem presentes no mundo e na experiência de quem os reconhece: na folha que balança, na água que corre, no gesto que cura, no andar que seduz, que ensina. E sobretudo, na consciência de que toda diferença é uma expressão da vida.

Pois, em última instância, os orixás ensinam que o ser humano é também um ser múltiplo. E que é na pluralidade das formas de ser que a dignidade da existência se afirma.

Agradecimentos

Muitos colaboraram para que este livro se tornasse o que é. Stéphanie Roque, minha editora na Companhia das Letras, com carinho, competência e autoridade, esteve presente desde o princípio, quando o livro ainda era apenas uma ideia vaga. Raul Loureiro fez o projeto gráfico e a capa, numa parceria comigo que já completou 25 anos. Pedro Rafael, também parceiro desde *Mitologia dos orixás*, fez as sempre aplaudidas ilustrações. Três amigos indispensáveis na confecção de *Orixás*: por ele trabalharam e por ele brigaram.

Entre tantos da Companhia das Letras que trabalharam para o livro, e em nome deles, cito Alceu Nunes, diretor de arte; Erica Fujito, que cuida da área de iconografia; Allanis Carolina Ferreira, Olívia Tavares e Tomoe Moroizumi, da produção. O texto ficou aos cuidados de Adriane Piscitelli, Ana Alvares, Jane Pessoa e Luís Eduardo Gonçalves. Até ser concluído, o manuscrito foi lido em partes ou no todo por Armando Vallado, João Carneiro, Frederico Martins, Marina Garcia, Rico Malta e Jone Valeri. Seus comentários não foram deixados de lado. Gil Pontes sempre esteve pronto para apontar trechos que pediam melhor forma.

Condições de conforto e tranquilidade para a escrita me foram garantidas por Lena Silva, Margarete Costa, Eliete Barros, Rubens Segura e João Domingues.

Os erros são todos meus, mas, se mérito houver, o divido com todos vocês. Muito obrigado.

ESTA OBRA FOI COMPOSTA POR ALEXANDRE PIMENTA EM FILOSOFIA
E IMPRESSA EM OFSETE PELA GRÁFICA BARTIRA SOBRE PAPEL PÓLEN NATURAL
DA SUZANO S.A. PARA A EDITORA SCHWARCZ EM OUTUBRO DE 2025